내가 찾은
암행어사

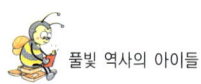 풀빛 역사의 아이들

우리 역사 속의 숨은 일꾼 이야기 1
내가 찾은 암행어사

ⓒ 정명림, 김수연·박재현 2006

초판 1쇄 발행 2006년 5월 15일 | 초판 5쇄 발행 2014년 8월 20일
글쓴이 정명림 | 그린이 김수연·박재현
펴낸이 홍 석 | 기획위원 김경연 | 편집진행 전소현·김경미
디자인 최남주 | 마케팅 김명희·홍성우
펴낸곳 도서출판 풀빛 | 등록 1979년 3월 6일 제8-24호
주소 서울특별시 서대문구 북아현로 11가길 12 3층(북아현동, 한일빌딩)
전화 02-363-5995(영업) 02-362-8900(편집) | 팩스 02-393-3858
홈페이지 www.pulbit.co.kr | 전자우편 kids@pulbit.co.kr

ISBN 978-89-7474-983-5 73900

이 책의 국립중앙도서관 출판시도서목록(CIP)은 e-CIP 홈페이지(http://www.nl.go.kr/cip.php)에서
이용하실 수 있습니다.(CIP제어번호 : CIP2006000952)

* 책값은 뒤표지에 표시되어 있습니다.

우리 역사 속의 숨은 일꾼 이야기 1

내가 찾은
암행어사

성명림 글 | 김수연·박재현 그림

작가의 말

암행어사와 함께 한 삼 년

　누가 까닭 없이 나를 괴롭힌다면 무척 속이 상할 거예요. 더욱이 그 상대가 나보다 힘이 세서 한 번 덤벼 보지도 못하고 당하기만 한다면 억울하고 분해서 잠도 안 오겠지요? 부모님이나 선생님께 말하면 고자질했다고 더 괴롭힘을 당할까 봐 속으로만 끙끙 앓을 수도 있겠지요.
　이럴 때 마음속으로 상상을 해요. 누군가가 내 대신 나서서 그 못된 녀석들을 혼내 주는 상상 말이에요. 실제로 그런 일이 일어난다면 얼마나 신이 날까요?

　상상일 뿐이라고요? 이런 멋진 일을 실제로 해낸 사람들이 있어요. 바로 조선 시대 암행어사예요. 조선 시대 백성들은 힘없고 약했거든요. 어쩌다 고을 수령을 잘못 만나면 그 괴로움은 이루 말할 수가 없었어요. 물론 우리 역사를 보면 백성들이 힘을 합쳐 외적을 물리치거나 못된 관리를 혼내 준 적도 많아요. 하지만 백성들 하나하나는 조선 시대의 엄격한 신분 제도에 얽매인 나약한 존재였지요. 그런 백성들은 자기들 대신 수령을 혼내 줄 누군가를 기다렸답니다. 그때 나타난 사람이 바로 암행어사였어요. 암행어사는 백성을 괴롭히는 수령을 벌하고, 백성들 편에서 억울한 일을 해결해 주는 든든한 버팀목이었지요.

　비록 지금은 옛날 같은 암행어사는 없지만 우진이네 반 아이들은 놀이를 하면서 암행어사를 만나게 됩니다. 또 탐구 대회를 준비하면서 암행어사에 대해 많은 사실을 알게 되지요. 그리고 그 모든 게 끝난 뒤 알게 됩니다. 지금도 암행어사와 같은 사람이 필요하다는 것을······.

　암행어사에 대해 이야기를 하기로 마음먹고 나서 지금까지 시간이 많이 흘렀어요. 처음에는 그저 암행어사에 대해 이것저것 알려야겠다는 마음뿐이었지요. 하지만 오랜 시간 암행어사와 함께 지내다 보니 잘 몰랐던 암행어사의 참모습을 좀더 많은 친구들과 함께 나누고 싶은 욕심이 생겼어요.

　여러분이 이 책을 읽고 나면 암행어사와 좀 더 가까워졌으면 좋겠어요. 그리고 백성이 행복한 사회와 정의가 살아 있는 사회를 만들려고 했던 조상들의 마음을 알았으면 좋겠어요. 그래서 행복한 세상을 위해 함께 고민하는 우리가 되면 정말 좋겠어요.

2006년 4월 정명림

차례

작가의 말 • 4

암행어사는 정말 싫어! • 10

탐구 조사를 하라고? • 19
탐구 발표 우리는 암행어사를 얼마나 알고 있나? • 26

봉서 받던 날 • 30
탐구 발표 암행어사! 비밀을 지키기 위한 일곱 가지 방법 • 38

어사 박문수를 만나다 • 42
탐구 발표 암행어사는 무슨 일을 했을까? • 52

이상한 분위기 • 56
탐구 발표 안 되겠다, 암행어사를 보내자 • 62

아란, 정호와 이야기를 나누다 • 66
탐구 발표 조선 최고의 암행어사를 찾아라 • 76

정호의 쪽지 • 80
탐구 발표 암행어사는 아무나 되나 • 86

이게 마패야? • 90
탐구 발표 감찰 제도에 대해 알아보기 • 96

새로운 의문이 생기다 • 100
탐구 발표 암행어사는 무엇을 가지고 다녔을까? • 114

우진이의 고민 • 118
탐구 발표 암행어사 노릇은 너무 어려워 • 128

암행어사의 마지막 밤 • 132
탐구 발표 무사히 임무를 마치고 돌아왔습니다 • 140

암행어사 출도 날 • 144
탐구 발표 암행어사 출도요! • 156

끝나지 않은 암행어사 • 160

탐구 조사를 마치며 • 164
암행어사와 함께 한 걸음 더 • 167

새 학년이 되자 우진이네 반에서는 한 해 동안
'암행어사 놀이'를 하기로 합니다.
반 친구 가운데 한 명이 암행어사가 되어 활동하는 놀이 말이에요.
우진이는 이 암행어사 놀이가 맘에 들지 않았어요.
그런데 탐구 대회 주제까지 암행어사로 정해졌지 뭐예요.
우진이네 반 아이들은 설문 조사도 하고, 책도 찾아보고,
인터넷도 뒤지고, 박물관에 견학을 다니면서 열심히 조사합니다.
그럼 우진이는 어떻게 했을까요?

과연 우진이에게는 무슨 일이 일어났을까요?

암행어사는 정말 싫어!

"야, 같이 가."

아란이가 가방을 달랑거리며 쫓아왔다.

"넌 뭐 그런 걸 가지고 삐쳐서 혼자 가고 그러니?"

아란이는 웃으면서 말했지만 우진이는 여전히 마음이 편치 못했다. 아침에 학교에 갈 때까지만 해도 왠지 모를 기대에 부풀어 들떠 있던 우진이였다.

'이게 다 암행어사 때문이야.'

우진이는 돌아보지도 않은 채 땅만 보며 걸어갔다.

오늘 아침 일이다. 새 학년 첫날이라 새 선생님과 새 친구들과 인사를 나누었다. 지난해에 같은 반이던 아이들도 있고 전부터 알고 지내던 친구들도 있었다.

자기 소개를 마치고 나서 선생님이 말했다.

"우리 친구들, 암행어사에 대해 알고 있나요?"

여기저기서 대답이 튀어나왔다.

"네, 박문수요."

"마패요."

"전에 텔레비전에서 봤어요."

뒤쪽에서 누군가가 큰 소리로 외쳤다.

"암행어사 출도요!"

그 소리에 반 아이들 모두가 한바탕 웃었다.

"그럼 암행어사가 무슨 일을 했던 사람인지 발표해 볼 친구 있나요?"

새 학년 첫날이라 그런지 선뜻 손을 드는 아이가 없었다. 그때 뒤쪽에 앉아 있던 정호가 쭈뼛거리며 슬며시 손을 들었다.

"저기 손 든 친구가 있네요. 어디 한번 이야기해 볼까?"

아이들의 눈길이 한꺼번에 정호 쪽으로 쏠렸다. 우진이도 뒤를 돌아 정호를 보았다. 학교에서 몇 번 보기는 했지만 한 번도 같은 반인 적은 없던 친구였다.

"네. 암행어사는 조선 시대에 지방의 수령을 감시하려고 임금님이 보낸 사람입니다. 암행어사는 그 증거로 마패를 가지고 다녔는데 출도할 때 마패를 보여 주었습니다."

정호가 발표를 마치자 아이들이 '우' 하고 야유를 했다. 선생님에게는 안 들렸지만 "재수 없어."라며 코웃음치는 아이도 있었다.

"맞아요. 친구가 암행어사에 대해서 잘 말해 주었어요."

선생님은 돌아서서 칠판에 '암행어사'라고 크게 썼다.

"암행은 '몰래 다닌다.'는 뜻이고, 어사는 '임금님이 보낸 관리'란 뜻이에요. 말 그대로 '몰래 다니는 임금님의 심부름꾼'이지요. 예전에는 임금이 수령을 보내 지방을 다스리게 했어요. 수령은 여러분이 흔히 알고 있는 사또나 원님을 말해요. 그런데 가끔 백성을 괴롭히는 못된 수령들이 있었어요. 암행어사는 온 나라 방방곡곡을 다니며 그런 못된 수령들을 혼내 준 사람이에요. 이 멋진 암행어사를 우리 반에 모셔 오려고 하는데, 어때요?"

"선생님, 아직도 암행어사가 있나요?"

"아니, 지금은 물론 없지요. 제가 모셔오려는 암행어사는 바로 여러분이에요. 여러분 가운데 누군가가 암행어사가 되는 거예요. 백성들을 편히 살게 하려고 노력했던 조상들의 훌륭한 전통을 그냥 묻어 두기는 아깝잖아요. 그래서 올 한 해 동안 우리 반에서 암행어사 놀이를 하려고 해요. 어때요, 재미있겠죠?"

"그럼 선생님은 임금님, 우리는 백성이네."

누군가가 말하자 교실은 또 한바탕 웃음바다가 되었다.

암행어사 놀이란 선생님이 반 친구 가운데 한 명을 암행어사로 임명하여 활동하게 하는 놀이다. 암행어사로 임명된 친구는 선생님의 눈이 미치지 않는 곳에서 일어나는 여러 가지 일들을 잘 살펴 선생님한테 알려야 한다. 이때 암행어사란 사실이 드러나지 않도록 주의해야 하고 나쁜 행동보다는 착한 일을 살피는 데

에 더 신경을 써야 한다. 안 그러면 자칫 친구를 헐뜯거나 고자질하는 것이 될 수도 있기 때문이다.

암행어사로 뽑힌 친구는 한 달 동안 활동을 하고 활동이 끝나는 마지막 날에 그 동안 보고 들은 것을 정리하여 발표하기로 했다. 그리고 암행어사로 임명된 친구는 '이 달의 멋진 친구'도 뽑아야 했다. 이 달의 멋진 친구란 암행어사가 보기에 남에게 도움을 주는 친구나 반 분위기를 화목하게 이끈 친구다. 이 달의 멋진 친구는 선생님이 특별히 마련한 5,000원짜리 '떡볶이 상품권'을 받게 된다. 물론 활동을 마친 암행어사도 함께 말이다.

선생님의 설명을 듣고 나자 모두들 재미있어하는 얼굴이었다. 과연 누가 암행어사가 될 것인지 벌써부터 궁금한 듯 반 친구들을 둘러보기도 했다. 속으로는 자기가 되었으면 하고 바라는 아이도 있을 것이다.

'칫, 무슨 비밀 요원이라도 되는 줄 아나 보네? 별것도 아닌 걸 가지고 호들갑은…….'

우진이는 이 놀이가 별로 마음에 들지 않았다. 우진이는 누구나 알아주는 말썽쟁이다. 의자에 앉는 아이 뒤에서 의자 빼기, 물 마시는 아이 뒤통수 치기 같은 건 기본이고 틈만 나면 장난칠 거리를 찾는 우진이였다.

아무리 암행어사가 착한 일들만 살핀다고 해도 우진이의 그런 행동이 곱게 보일 리는 없다. 그러다 슬쩍 선생님한테 일러바치기라도 한다면……? 어찌되었건 누군가에게 감시당하는 건 그리 기분 좋은 일이 아니다. 암행어사에 대해 잘 모르긴 하지만 우진이로서는 썩 달가운 놀이가 아니었다. 게다가 더욱 마음에 들지 않는 건 이런 일은 다 어른들이 아이들을 착하게 만들려고 꾸민 일이란 거다. 우진이는 그런 게 싫었다.

우진이는 아이들이 마음에도 없는 착한 일을 하려고 애쓰는 모습을 떠올리자 벌써부터 눈꼴이 시었다. 사실 특별히 애쓰지 않아도 원래 착한 애들이 있기는 하다. 하지만 우진이는 어른들 말을 고분고분하게 잘 듣고 친구들한테 친절하게 대하는 애들을 보면 왠지 닭살이 돋았다.

한편 어른들 앞에서만 착한 척하는 애들을 생각하면 고소하기도 했다. 그런 애들이 갑자기 어른들 앞에서 뿐만 아니라 보통 때도 착하게 지내려면 무지 힘들 테니 말이다. 그렇게 생각하니 암행어사 놀이가 꽤 재미있을 것 같기도 했다.

그때였다. 우진이가 암행어사에 대해 그나마 가진 기대조차 싹 가시게 만든 사건이 일어난 건.

선생님이 잠시 자리를 비우자 몇몇 친한 아이들은 모여 새 담임 선생님과 암행어사 놀이에 대해 이야기를 나누었다.

"야, 우리 선생님 좋은 것 같지 않냐? 암행어사 놀이도 재미있을 것 같고."

"맞아. 전에 텔레비전에서 '어사 박문수'라는 드라마 했잖아. 너네도 봤냐? 박문수 되게 멋있지?"

옆에서 시큰둥하게 있던 우진이가 말했다.

"그거야 텔레비전이니까 그렇지. 몰래 다니면서 고자질이나 하는 게 뭐가 멋있냐? 그리고 박문수가 뭐 진짜냐?"

그러자 아이들 사이에서는 박문수가 진짜 살았던 사람인지 아닌지를 놓고 말다툼이 벌어졌다.

"내가 전에 책에서 봤거든. 귀신도 나타나 도와 주고 무슨 도술 같은 것도 부리고 그러던데 그게 진짜냐? 암행어사가 유명하니까 홍길동처럼 누가 만들어 낸 거라고."

"무슨 소리? 홍길동은 진짜 있었던 사람이야."

누군가가 말했다. 하지만 우진이는 그 말에 아랑곳하지 않고 책까지 들먹이며 계속 강력하게 주장했다. 그러자 박문수가 진짜라고 믿고 있던 아이들조차 헷갈리기 시작했다. 그때 화장실에 다녀온 아란이가 무슨 일인가 하고 끼어들며 말했다.

"박문수는 영조 임금 때 살았던 사람이잖아. 박문수 때문에 암행어사가 유명해진 거고. 어머, 우진이 너 그거 몰랐니? 몰랐구나."

　아란이의 말 한 마디에 아이들 사이의 말다툼은 우진이의 참패로 끝나 버렸다. 아란이가 공부를 잘한다는 사실을 아이들 모두가 알고 있었다. 게다가 말투가 워낙 똑 부러져서 설사 이 말이 틀렸다고 해도 아이들은 아란이의 말을 믿었을 것이다.

　우진이는 갑자기 얼굴이 확 달아오르는 것을 느꼈다.

　'하필 이때 나타날 게 뭐람. 하여간 이럴 때 보면 정 떨어진다니까. 첫날부터 이게 무슨 망신이야.'

　우진이는 괜히 아란이를 원망했다. 아란이와 한 반이 되어 부풀었던 마음도 쪼그라드는 느낌이었다.

이렇게 우진이의 기대는 새 학년 첫날부터 여지없이 무너지고 말았다. 우진이는 자꾸만 따라오며 말을 시키는 아란이에게 획 소리를 지르고는 먼저 와 버렸다.

씩씩거리며 집에 온 우진이는 컴퓨터를 켰다. 그러고는 검색 사이트를 열었다.

'박문수'

찾기를 누르자 수많은 박문수가 줄지어 떠올랐다.

'별것도 아닌 걸 가지고 잘난 척하기는…….'

우진이는 허탈한 듯 바닥에 벌렁 드러누웠다.

탐구 조사를 하라고?

첫 번째 암행어사 놀이는 2주일 만에 실패로 돌아갔다. 유지가 암행어사라는 걸 반 아이들이 다 알게 되었기 때문이었다. 그건 무척 김빠지는 일이었다. 선생님도 드러내고 말은 안 했지만 조금 실망한 듯이 보였다.

처음에 반 아이들은 선생님이 유지를 암행어사로 임명한 사실을 감쪽같이 몰랐다. 당연히 몰라야 했지만 아이들은 선생님의 솜씨에 감탄을 했다. 왜냐하면 선생님이 누구를 암행어사로 임명할 것인지 궁금해서 선생님의 행동 하나하나를 눈여겨보아 왔기 때문이다. 심지어 어떤 아이들은 집에도 안 가고 선생님이 누구를 부르나 몰래 숨어 기다리기까지 했다. 그런 가운데 선생님은 아이들의 눈을 따돌리고 아무도 모르게 유지를 암행어사로 임명하는 데 성공했다.

유지도 처음에는 조심스럽게 활동을 잘 해 나갔다. 며칠이 지나자 아이들의 호기심도 점차 누그러져 누가 암행어사인지 모두들 그다지 관심을 두지 않았다. 이런 분위기에 마음을 놓아 버린 탓이었을까 유지는 그만 실수를 저지르고 말았다. 짝꿍인 시은이에게 자기가 암행어사란 걸 말해 버린 것이다. 물론 '너만 알고 있어.' 하고 단단히 다짐해 두는 일도 잊지 않았다.

비밀을 갖는다는 건 굉장한 일이지만 그걸 지키려면 엄청난 인내가 필요했다. 오죽하면 당나귀 귀를 가진 임금님의 이발사가 병이 다 났겠는가. '너만 알고 있어.'야 할 비밀은 조금씩 퍼져 나가 마침내 반 아이들 모두가 알게 되었다. 그렇지만 모두들 모르는 척했다. 어쨌든 그건 비밀이었으니까.

하지만 모두가 알고 있는 비밀이 오래갈 수는 없었다. 결국 유지는 암행어사를 그만두게 되었다. 선생님은 다시 암행어사를 뽑겠다고 했지만 처음부터 실패로 돌아간 사실이 못내 아쉬운 듯했다.

"암행어사는 자신의 신분을 감추는 게 가장 중요해요. 몰래 다니게 한 데는 다 뜻이 있으니까요. 앞으로 암행어사로 임명되는 사람은 아무리 친한 친구한테라도 절대 말하면 안 돼요. 그리고 활동을 할 때도 조심스럽게 하고요."

선생님은 앞으로 또 이런 일이 생길까 봐 몇 번을 강조해서 말했다. 우진이는 이번 기회에 암행어사 놀이를 그만 했으면 하고 생각했지만 선생님은 그럴 생각이 없는 모양이었다.

"다음 암행어사는 조금 있다가 기회를 봐서 뽑기로 하겠어요. 그건 그렇고, 올해부터 우리 학교에서 '탐구 대회'를 하기로 했어요. 스스로 공부하는 힘을 키우기 위해 마련한 대회예요. 다음 달 말까지 내는 거니까 지금부터 부지런히 준비해야 할 거예요."

"선생님, 탐구 대회가 뭐예요?"

"탐구 대회는 탐구할 주제를 정해 여러 가지 방법으로 조사해서 보고서를 만들어 내는 거예요."

"그럼 자연 관찰이나 실험을 하는 거예요?"

"흔히 탐구라고 하면 과학만 떠올리는데 꼭 그렇지는 않아요. 모든 과목에서 주제를 고를 수 있답니다. 예를 들어 바다나 지구에 대해 알아볼 수도 있고 세계 여러 나라에 대해 조사할 수도 있어요. 조사 방법도 실험이나 설문 조사 등 여러 방법으로 할 수 있고요. 물론 직접 가서 조사할 수도 있겠지요?"

"와, 그럼 우리 세계 여행 가자."

누군가가 말하자 다른 친구가 빈정거리듯 대꾸했다.

"그럼 주제가 지구면 지구 속으로 들어가야 하냐?"

여기저기서 웃음이 새어 나왔다.

"자, 그만 그만. 이러면 탐구 대회를 하는 뜻이 없지요. 탐구 대회는 반 친구들 모두가 참여하는 거예요. 모두가 하나의 주제를 가지고 서로 도우며 공부를 하자는 것이지요. 주제는 하나지만 각자 자기가 할 수 있는 만큼 자기만의 방식으로 조사하면 되는 거예요. 그럼 먼저 주제를 정해야 할 텐데……, 뭐가 좋을까요?"

"……."

"아까 말했듯이 지구에 대해서든 세계 여러 나라에 대해서든 어떤 것도 괜찮아요. 되도록 독특하면서도 많은 사람들이 궁금해 하는 주제라면 더욱 좋겠지요?"

아이들은 서로 바라보기만 할 뿐 별 반응이 없었다.

"아니면 시간을 거슬러 올라가 옛날 사람들이 어떻게 살았는지를 알아보는 것도 괜찮을 것 같아요."

그때 아란이가 손을 번쩍 들고 일어났다.

"선생님, 암행어사에 대해서 조사하면 어떨까요?"

우진이는 못마땅한 얼굴로 아란이를 쳐다보았다.

'뭐야 또 암행어사야? 놀이를 하는 것도 모자라서 탐구까지?'

"마침 우리 반에서 암행어사 놀이를 하고 있잖아요. 그런데 실제로 암행어사가 무슨 일을 하는 사람인지 잘 모르는 아이들이 많은 것 같아요. 저도 예전에 텔레비전에서 '어사 박문수'라는 드라마를 본 적이 있어요. 그리고 저희 엄마 어릴 적에도 텔레비전에서 암행어사가 나오는 드라마를 했대요. 그때 엄청나게 인기가 많았다고 하셨어요. 그런 걸 보면 암행어사가 정말 대단한 것 같아요. 그래서 이번 기회에 암행어사가 무엇이고 어떤 일을 했는지 제대로 알아보면 어떨까 합니다."

아란이가 말을 마치자 선생님 얼굴에는 흐뭇한 미소가 번졌다. 선생님의 얼굴은 마치 '바로 그거야.' 하고 말하고 있는 듯했다. 더 이상 다른 의견이 필요 없을 것 같았다.

'이건 음모야. 선생님과 아란이가 미리 짠 게 틀림없어.'

우진이는 제멋대로 생각하고는 얼굴을 찌푸렸지만 마땅히 다른 좋은 생각이 떠오르지도 않았다. 혹시나 하는 기대를 가지고 다른 애들을 둘러보았지만 별 뾰족한 의견이 나올 것 같지 않았다.

"다른 친구들은 어때요? 아란이 의견대로 암행어사로 주제를 정할까요?"

다들 좋다는 반응이었다. 사실 좋다기보다는 아무래도 상관없다는 게 맞는 말일 것이다. 물론 기대에 차서 고개를 끄덕이는 아이들도 있었지만 얼마 되지는 않았다. 결국 탐구 주제는 아란이 말대로 암행어사로 정해졌다. 하지만 어떤 내용을 어떻게 조사할지는 모두들 막막해 했다.

그때 유지가 한 가지 의견을 내놓았다. 탐구 조사를 시작하기 전에 설문 조사를 해 보자는 것이다.

"탐구 조사를 시작하기 전에 우리 학교 4학년 이상 아이들에게 암행어사에 대해 얼마나 아는지, 또 궁금한 점이 있는지 물어보는 거예요. 그래서 그 결과를 가지고 우리가 조사할 내용을 정하면 좋을 것 같습니다."

"그것 참 좋은 생각 같은데 여러분 생각은 어때요? 물론 설문 조사가 쉬운 일은 아니지만 한번 해 보는 것도 괜찮겠다는 생각이 드네요."

선생님의 칭찬에 유지는 얼굴이 환해졌다. 암행어사 놀이를 망친 것이 내내 마음에 걸렸던 모양이었다. 내친김에 유지는 설문 조사도 자기가 하겠다고 했다. 그러자 선생님은 유지와 함께 설문 조사를 할 친구를 정해 주었다. 설문지를 만들고 아이들을 찾아다니며 조시히는 일이 혼자서 하기에는 쉽지 않은 일이었기 때문이다.

"그럼 설문 조사를 먼저 한 다음에 그 결과를 참고해서 소주제를 뽑기로 하지요."

"선생님, 소주제는 자기가 하고 싶은 걸로 해도 되나요?"

"글쎄요. 그러면 한 주제에 여러 사람이 몰리게 되지 않을까? 그래도 꼭 하고 싶은 주제가 있다면 미리 말하세요. 제가 참고해서 정할게요."

조사한 내용을 정리하는 방식에 대해서는 형식을 정하지 말고 자기 개성을 살려 재미있게 써 보자는 의견이 많았다. 한 마디로 똑같은 형식은 별로라는 뜻이다. 조사한 내용은 차례를 정해 토요일마다 있는 재량 수업 시간에 발표하기로 했다.

| 탐구발표 |

우리는 암행어사를 얼마나 알고 있나?

김시은 한유지 이태훈 신지수

주제 선정 이유

우리 반은 이번 탐구 대회에서 암행어사 제도에 대해 조사하기로 했다. 암행어사를 좀 더 자세히 알아보기 위해서다. 탐구할 주제를 정하고 나니 우리 학교 친구들이 암행어사에 대해 얼마나 알고 있고, 암행어사에 대해 무엇을 알고 싶어 하는지 궁금했다. 그래서 탐구 조사에 앞서 설문 조사를 해 보기로 했다.

조사 방법

기간 : 3월 20일~3월 22일

장소와 대상 : 풀빛 초등 학교 도서실

4학년(28명), 5학년(9명), 6학년(8명) **총 45명**

방법 : 주제 정하기 → 설문지 만들기 → 설문 조사 → 설문 결과 정리 → 보고서 쓰기

1. 암행어사를 알고 있는지?

암행어사를 알고 있냐는 질문에 전체 조사 대상의 69%가 안다고 대답을 했다. 학년이 높을수록 암행어사를 알고 있다는 대답이 많았는데, 당연한 결과라고 본다.

	안다	모른다
4학년	18명	10명
5학년	6명	3명
6학년	7명	1명
비율	69%	31%

 2. 암행어사를 알게 된 계기

암행어사를 알고 있다고 대답한 31명을 대상으로 암행어사를 어떻게 알게 되었는지 물었다.(이 질문에는 하나 이상 대답할 수 있도록 했다.) 그 결과 텔레비전과 책의 비율이 엇비슷했다. 하지만 학년에 따라 차이를 보였다. 학년이 높을수록 텔레비전을 통해 알게 되었다는 점이 눈에 띄었다. 기타에는 교과서에서 보았거나 선생님이나 부모님께 들었다는 대답이 있었다.

	책	텔레비전	기타
4학년	10명	7명	4명
5학년	3명	3명	0명
6학년	2명	6명	1명
비율	42%	44%	14%

3. 암행어사 하면 생각나는 것

암행어사 하면 떠오르는 낱말이나 느낌을 묻는 질문에는 출도와 박문수와 마패라는 대답이 각각 11명, 10명, 10명으로 나왔다.(이 질문도 역시 하나 이상 대답하도록 했다.) 기타 대답으로는 백성, 말(흰 말), 옛날 사람, 감시자, 거지, 활발하다 등이 있었다.

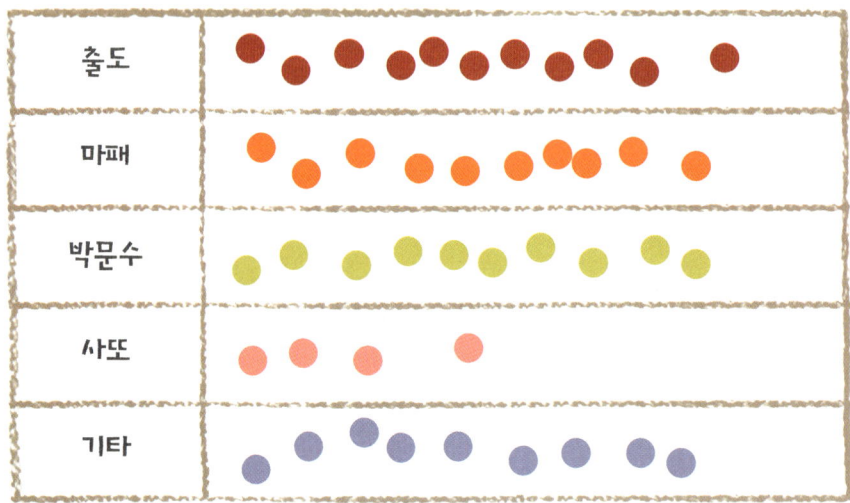

4. 암행어사에 대해 알고 있는 정보

암행어사를 알고 있다는 사람 가운데서 암행어사가 무슨 일은 하는 사람인지 정확하게 알고 있는 사람은 거의 없었다. 알고 있더라도 '사또를 혼내 주는 사람'이나 '백성을 도와 주는 사람'처럼 부분적으로 알고 있는 경우가 많았다.

- 마을 곳곳을 돌아다니면서 나쁜 사또를 혼내 주는 사람 4명
- 변장하고 돌아다니다가 불쌍한 백성을 도와 주는 사람 4명
- 옛이야기 속 인물 2명
- 마패를 가지고 다니는 사람 2명
- 기타-아주 높은 사람, 지금의 경찰과 같은 사람, 임금의 특수 요원 등 19명

5. 암행어사에 대해 알고 싶은 몇 가지

전체 조사 대상자에게 암행어사에 대해 알고 싶은지 물었더니 70%가 알고 싶다고 대답했다. 암행어사에 대해 잘 모르지만 궁금해 하고 있다는 사실을 확인했다. 어떤 점을 알고 싶은지에 대해서는 아래와 같이 여러 가지 대답이 나왔다.

- 암행어사가 무슨 뜻이며 무슨 일을 하는지 …… 10명
- 암행어사는 얼마나 높은 사람인지 …… 3명
- 박문수에 대해서 …… 2명
- 유명한 암행어사는 누구인지 …… 2명
- 어떤 사람이 암행어사가 되었는지 …… 2명
- 기타 - 암행어사가 모두 몇 명이나 있었는지, 언제부터 있었는지 등 …… 26명

조사를 마치고 나서

암행어사라는 말을 들어 본 친구들은 많았지만 암행어사가 무슨 일을 했는지 구체적으로 알고 있는 친구는 상당히 적었다. 그것은 아마도 암행어사를 일화 중심으로 쓴 이야기책이나 텔레비전 드라마를 보고 알게 된 경우가 많기 때문인 것 같다. 한편 암행어사에 대해 더 알고 싶다고 대답한 친구들은 암행어사가 무슨 일을 하는 사람이고, 언제부터 이러한 제도가 있었는지 등 암행어사에 대한 구체적인 정보도 알고 싶어 했다.

사흘 동안 설문 조사를 하면서 재미도 있고 보람도 있었다. 무엇보다 아이들이 암행어사에 대해 많은 관심을 갖고 있다는 걸 알게 되어 기뻤다.

*덧붙임: 설문 조사 결과를 정리하다 보니 출도와 출두라고 쓴 대답이 있어 어느 말이 맞는지 헷갈렸다. 선생님과 함께 알아보았지만 정확한 답을 찾을 수 없었다. 그래서 우리 반에서는 옛 기록에 더 많이 쓰인 출도로 쓰기로 했다.

봉서 받던 날

"여러분, 이게 뭘까요?"

종례 시간에 선생님은 흰 봉투 한 뭉치를 들어 보이며 말했다. 아이들의 눈이 한꺼번에 봉투로 쏠렸다.

"이게 바로 봉서라고 하는 거예요. 옛날에 암행어사를 임명할 때 임금님이 주었던 비밀 편지랍니다. 지금부터 여러분한테 이 봉서를 나눠 주려고 해요."

아이들은 마치 진짜 봉서라도 보는 듯 호기심이 가득한 눈빛으로 쳐다보았다.

"지금 나눠 줄 봉서는 옛날 봉서와 똑같지는 않아요. 본디 암행어사에게 주는 봉서에는 암행어사로 임명한다는 내용과 감찰할 고을 이름과 감찰 나가서 해야 할 일이 써 있어요. 선생님은 여기에 지난번 설문 조사를 바탕으로 뽑은 소주제를 하나씩 써 놓았어요.

여러분이 각자 조사할 소주제인데, 비록 자신이 하고 싶은 주제가 아니더라도 열심히 하리라 믿어요. 그리고 여기 봉투 겉을 보면 뭐라고 써 있지요? 바로 여러분이 편지를 읽을 곳이에요. 봉서는 봉투를 열지 못하게 붙인 편지라는 뜻이니 꼭 암행어사만 받은 건 아니에요. 하지만 임금님이 직접 암행어사에게 준다는 것과 봉투 겉에 봉서를 펴 볼 곳이 따로 써 있다는 점에서 암행어사의 봉서는 다른 봉서와 좀 달라요. 예를 들어 봉투 겉에 '남대문 밖에서 보라.'고 쓰여 있다면 꼭 남대문 밖으로 나가서 봐야 했어요. 그러니까 암행어사도 봉서를 보기 전까지는 자신이 어느 고을로 감찰을 나갈지 알 수 없었답니다."

"딴 데서 보면 안 되나요?"

"그럼요, 안 되고말고요. 그게 다 비밀을 지키기 위해서니까요. 실제로 중종 임금 때는 자기가 감찰을 맡은 고을이 어디라고 말하고 다닌 암행어사에게 벌을 내리기도 했어요. 뿐만 아니라 암행어사를 임명하는 데에도 절차가 아주 까다로웠어요. 비밀을 지키려고 무진장 애를 쓴 거지요. 더 자세한 건 여러분이 조사할 테니 이만 하겠어요. 아무튼 여러분도 꼭 봉투에 쓰여 있는 곳에서 몰래 펴 보도록 하세요."

선생님은 아이들에게 봉투를 하나씩 나누어 주기 시작했다. 아

아이들은 기대에 찬 얼굴로 봉투를 받아들었다.

"야, 난 우리 집 화장실이야."

"어디, 난 놀이……. 읍, 말하면 안 되지."

봉투에는 저마다 소라 놀이터 미끄럼틀 옆, 경기 쌀집 옆 골목 왼쪽 두 번째 집 대문 앞, 본관 2층 남자 화장실 등 다양한 장소가 적혀 있었다. 아이들은 저마다 진짜 암행어사가 되기라도 한 듯 흥분했다.

"참 빠뜨린 게 있네요. 이번에 새로운 암행어사도 뽑았어요. 여러분이 받은 봉투 가운데 하나에는 암행어사 임명장도 들어 있을 거예요. 그러니 모두들 봉투를 열어 볼 때 조심하고 암행어사로 뽑힌 친구는 한 달 동안 좋은 활동 부탁해요."

선생님의 말에 아이들은 더욱 마음이 설렜다. 혹시 자기가 받은 봉투에 암행어사 임명장이 들어 있을지도 몰랐기 때문이다. 아이들은 당장이라도 뜯어 확인하고 싶은 마음을 누르며 봉투를 가방에 넣었지만 마음은 온통 봉투에 가 있었다.

우진이는 처음으로 암행어사 놀이에 묘한 설렘을 느꼈다.

우진이는 저녁을 먹고 가방을 쌀 때까지 선생님이 준 봉서를 까맣게 잊고 있었다. 집에 오자마자 할 일이 너무 많았기 때문이다. 게다가 우진이 봉투에는 '집 부엌에서 보라.'고 쓰여 있는데 그건 쉬운 일이 아니었다. 우진이가 부엌에서 얼쩡거리기라도 하면 어느새 엄마가 나타나 참견을 하는 바람에 혼자 있기가 어려웠다.

우진이는 할 수 없이 봉투를 다시 가방에 넣어 두고 학원에 다녀와야 했다. 물론 그냥 방에서 뜯어 볼까 하는 생각도 했지만 선생님 말씀대로 해 보는 것도 재미있을 것 같아 그만두었다.

가방에서 봉투를 꺼낸 우진이는 방 밖으로 나왔다. 먼저 엄마가 어디 있는지부터 확인했다. 마침 엄마는 욕실에서 씻고 있었다. 우진이는 부엌으로 가 작은 불을 켜고 봉투를 열었다.

'생각보다 떨리는데……..'

엄마가 나오기 전에 봐야 한다는 생각이 들자 마음이 조마조마하기까지 했다.

그때였다. 우진이의 입이 갑자기 떡 벌어졌다.

"너를 암행어사로 임명하니 앞으로 한 달 동안 우리 반을 위해 열심히 활동해 주기 바란다."

임명장, 그것은 다름 아닌 암행어사 임명장이었다.

우진이는 머리가 멍해지는 느낌이었다. 이건 도무지 짐작조차 못한 일이었다.

'이럴 수가! 내가 암행어사라고?'

새 학년이 되어 보름이 지났다. 이제 새 친구들끼리도 서로 많이 알게 되어 화목한 반이 된 듯하다. 그러나 간혹 가까운 사이라고 하여 예의를 지키지 않거나 함부로 대하는 일이 없지 않다. 이번에 너를 암행어사로 임명한 것은 친구 사이에 서로 돕고 사이좋게 지내는 모습을 키우고자 함이다. 너는 다음과 같은 일을 중점적으로 살펴서 보고하도록 하여라. 또한 이 모든 일을 함에 있어서 네 신분을 감추는 일이 첫째이니 이를 마음에 새기고 조심스럽게 행동하도록 하라.

1. 공부하다가 어려운 문제를 물어보는 친구가 있을 때 친절히 가르쳐 주는지 살피도록 하라.
2. 친구가 어려움을 당했을 때 모르는 척하지 않고 나서서 도와 주는지 살피도록 하라.
3. 함께 쓰는 물건을 쓸 때 남을 배려하고 양보하는지 살피도록 하라.
4. 특별히 친하지 않은 친구에게도 예의를 지키며 행동하는지 살피도록 하라.
5. 위에 말한 모든 일에 본이 될 만한 친구가 있는지 살피도록 하라.

덧붙임 : 암행어사의 마패는 네가 출도하기 하루 전날 집으로 따로 보낼 것이니 꼭 지니고 있다가 출도할 때 가지고 나오기 바란다.

　

우진이는 떨리는 마음으로 그것들을 읽어 내려갔다. 선생님은 옛날 사람의 말투를 흉내 내어 편지를 쓴 모양이다. 우진이는 자기도 모르게 큭 하고 웃음이 나왔다. 하지만 이게 웃을 일만은 아니라는 걸 깨닫자 한숨이 나왔다. 편지 내용으로 보면 우진이가 도저히 예전처럼 행동해서는 안 될 것 같았다.

청소 시간이면 청소는 하지 않고 빗자루를 들고 칼싸움이나 하고, 공부 시간에도 선생님 몰래 친구들에게 지우개를 던지고 장난하던 우진이였는데 암행어사랍시고 양보하고 배려하는 마음을 살펴야 한다면 정말 우습지도 않을 거다.

'암행어사 강우진, 위 학생은 암행어사로서 다른 사람의 모범이 되어야 하느니라.'

어디선가 근엄한 목소리가 들리는 듯했다. 우진이는 이제 모범을 보여야 하는 처지가 되어 버린 것이다. 나중에 애들이 알게 되면 뭐라 할지, 벌써부터 온몸이 쪼그라드는 느낌이 들었다.

그렇다고 갑자기 얌전해진다는 건 너무 어려운 일이다. 한시라도 가만히 있으면 좀이 쑤시는 아이가 바로 우진이였으니까. 게다가 우진이가 갑자기 얌전해지면 애들이 눈치 챌 수도 있다. '비밀을 지키는 것', 그건 '모범을 보이는 것'보다 더 중요한 일이다. 이번에도 또 실패할 수는 없었다. 우진이는 머릿속이 복잡해지기 시작했다.

'그래. 그냥 보통 때처럼 지내는 거야. 장난도 치고……. 괜히 얌전떨고 안 하던 행동하다 들키기라도 하면 더 창피하잖아? 선생님도 곤란하실 테고. 그래도 명색이 암행어사인데 지금처럼 까불

기만 한다면……?'

우진이는 자기도 모르게 소리치고 말았다.

"아유 골치 아파. 도대체 누가 이따위 걸 만든 거야!"

어느새 욕실에서 나온 엄마가 어리둥절한 얼굴로 우진이를 바라보았다.

"우진이 여기서 뭐 하니? 물 마시려고? 거기 손에 든 건 뭐니?"

"아, 아무것도 아니에요. 안녕히 주무세요."

엄마가 묻는 말에 제대로 대답도 하지 않고 우진이는 얼른 자기 방으로 들어갔다.

방으로 들어온 우진이는 편지를 서랍 안에 넣은 뒤 바로 잠자리에 누웠다. 생각할수록 머리만 더 복잡해졌다.

'암행어사가 뭐 그리 대단한 거라고 선생님은……. 그게 다 애들이 잘하나 못하나 감시하라는 거 아니냐고.'

이불을 머리끝까지 덮어 쓰고 한참을 뒤척이던 우진이가 갑자기 벌떡 일어났다. 그러고는 책장을 뒤지다가 '암행어사 박문수'라는 책을 꺼내 들었다.

'암행어사라……. 그런데 암행어사가 대체 뭐 하는 사람이지?'

우진이는 혼자 중얼거리며 책을 읽기 시작했다. 암행어사 박문수가 무주구천동에서 활약한 이야기였다.

| 탐구발표 |

암행어사!
비밀을 지키기 위한 일곱 가지 방법

전재민 이승은

주제 선정 이유

우리 반에서는 얼마 전 암행어사 놀이를 시작했는데, 첫 번째 암행어사로 임명된 친구가 들통나는 바람에 실패로 돌아갔다. 그 친구는 암행어사로 활동하는 내내 자신이 암행어사인 걸 들킬까 봐 마음이 조마조마했다며 비밀을 지키기가 쉽지 않았다고 했다. 놀이를 할 때도 비밀을 지키기가 쉽지 않은데 옛날에 암행어사는 더 어렵지 않았을까? 그래서 암행어사가 어떤 방법으로 신분을 숨기고 활동했는지 조사해 보기로 했다.

조사 방법

책과 인터넷에서 암행어사에 대한 자료를 찾아보았다. 그 가운데 암행어사가 임명되는 과정과 암행 활동을 하는 과정에서 주제에 맞는 내용을 일곱 가지로 간추리고 그림을 곁들여 정리했다.

비밀을 지키기 위한 일곱 가지 방법

하나, 때를 가리지 않고 임명한다

암행어사는 다른 관리들과는 달리 정해진 시간이나 날짜가 따로 없이 임명되었다. 그렇기 때문에 암행어사가 언제 임금에게 불려 갈지는 아무도 몰랐다.

둘, 감찰할 고을을 제비뽑기로 한다

암행어사가 감찰할 곳이 미리 알려지면 수령들이 자신의 잘못을 숨기려 들 수 있기 때문에 임금은 감찰할 곳을 직접 제비로 뽑았다. 이런 제비뽑기 방식을 '추생'이라고 하는데, 이때 뽑힌 고을은 암행어사에게만 알려 주었다.

셋, 비밀 명령서를 준다

이 비밀 명령서를 '봉서'라고 한다. 여기에는 암행어사로 임명한다는 것과 감찰할 고을, 암행어사로서 해야 할 일 등이 쓰여 있다. 암행어사 말고는 아무도 볼 수 없도록 되어 있다.

넷, 봉서는 정해진 곳에서만 본다

봉서 겉에는 '○○ 밖에서 보라'와 같은 글귀가 쓰여 있다. 이것은 비밀이 새어 나가지 못하도록 봉서를 열어 보는 곳을 정해 준 것이다. 그러므로 암행어사도 봉서 겉에 쓰인 곳에 갈 때까지는 봉서를 미리 보아서는 안 되었다.

다섯, 바로 떠난다

봉서를 보고 암행어사로 임명된 사실을 확인하고 나면 간단한 채비를 꾸리고 바로 감찰할 고을로 떠나야 했다. 집에 들르거나 함부로 돌아다니다가는 신분이 탄로 날 위험이 있기 때문이다. 벼슬길에 오르면 동네 잔치를 벌이는 다른 관리들과는 다른 점이다.

여섯, 변장을 하고 다닌다

암행어사는 보통 백성들처럼 꾸미고 다녀야 했다. 게다가 어사라고 신분을 드러내고 다닐 수 없었기 때문에 변변한 대접은 바랄 수도 없었다. 그러다 보니 오랜 여행 끝에 차림새가 허름해져 '암행어사는 거지어사' 라는 말이 생겨나기도 했다.

일곱, 암행어사는 외롭다

대부분 임금이 보내는 어사들은 군관*이나 서리*나 하인들이 따라다니며 모시고 다녔다. 하지만 암행어사는 되도록이면 하인의 수를 줄여야 했고, 함께 데리고 다닌 하인들도 암행어사처럼 신분이 드러나지 않게 변장을 해야 했다. 그렇기 때문에 암행어사는 늘 목숨에 위협을 받았고, 실제로 암행을 하다 죽은 어사도 있었다고 한다.

* 군관 : 군사 기관에 소속되어 일을 보던 무관.
* 서리 : 중앙과 지방 관청에서 일을 보던 신분이 낮은 관리.

설마,
그때 그 거지?

조사를 마치고 나서

조사를 하기 전에는 암행어사가 변장하고 몰래 숨어 다니기만 하면 된다고 생각했다. 그런데 조사를 하다 보니 암행어사가 활동하는 동안 비밀을 지키기 위해 갖가지 노력을 기울였다는 걸 알게 되었다. 그 가운데 감찰할 고을을 제비뽑기로 한다든지 봉서를 정해진 곳에서 열어 보도록 한 방법은 참 독특하면서도 재미있었다.

조사를 마치고 나니 암행어사가 꼭 영화에 나오는 '스파이더맨' 같다는 생각이 들었다. 보통 때는 백성들 사이에 숨어 있다가 무슨 일이 있으면 짠하고 변신하고 나타나니 말이다. 암행어사는 체면을 중요하게 여기는 양반이지만 허름한 옷차림과 굶주림도 마다하지 않고 다녔다. 바로 이런 점이 암행어사를 더욱 돋보이게 만든 것이 아닐까?

그런데 한 가지 궁금한 점이 있다. 왜 암행어사가 이렇게 힘들게 돌아다녀야 했을까? 백성들이 직접 못된 수령을 고발하면 되지 않았을까? 백성들이 두 눈을 부릅뜨고 감시했다면 수령도 꼼짝 못 했을 텐데 말이다. 그것이 정말 궁금하다.

어사 박문수를 만나다

해가 기울자 암행어사 박문수는 서둘러 잠잘 곳을 찾았다. 무주구천동 산길이었다. 자칫하다가는 산짐승이 우글거리는 산 속에서 밤을 보내게 될 수도 있었다. 다행히 그리 멀지 않은 곳에 외딴집이 보였다. 박문수는 반가운 마음에 한달음으로 달려갔다.

집 앞에 이르러 주인을 부르려던 박문수는 방 안에서 흘러나오는 소리에 멈칫했다. 몰래 방 안을 살피니 나이 든 남자가 젊은 남자를 칼로 찌르려는 모습이 보였다. 뜻밖의 광경에 놀란 박문수가 급히 문을 두드리자 나이 든 남자가 나와 박문수를 맞아들였다. 방 안에 있던 젊은 남자는 어디론가 사라지고 없었다.

"보아하니 뭔가 딱한 사정이 있는 듯한데 대체 무슨 일이오?"

박문수의 물음에 한참을 망설이던 주인이 입을 열었다.

"저는 성은 유가요, 이름은 안거라고 하오. 아까 그 젊은이는 내 아들이라오."

"아니 그럼 아들을 죽이려 했단 말이오?"

유안거는 대답 대신 고개를 떨구었다. 박문수는 어이가 없었다.

"저는 본래 한양 살던 선비인데 살기가 어려워 이리저리 떠돌다가 십여 년 전에 여기로 왔소이다. 이 마을은 구씨와 천씨가 모여 살아 마을 이름도 구천동인데, 나같이 다른 성을 가진 사람은 따돌림을 당하기 일쑤라오. 그 동안 이래저래 어려움이 많았지만 그럭저럭 훈장 노릇으로 입에 풀칠이나 하고 지내고 있었지요. 그런데 며칠 전 이 마을에서 힘깨나 쓴다는 천운서라는 자가 찾아와서는 다짜고짜 내 아들이 자기 집안을 모함했다면서 내 집안을 망쳐 놓겠다고 난리를 피우지 않겠소? 뿐만 아니라 내 아내는 자기 아내로, 내 며느리는 자기 며느리로 삼겠다고 하지 뭐요? 내일이 바로 혼례를 올리는 날인데 우리 부자는 험한 꼴을 당하느니 차라리 죽는 게 낫다고 생각하여 아까와 같은 일을 벌인 거라오. 괜히 나리도 우리 일에 끼어들었다가 봉변당하지 말고 모른 척하시오."

이야기를 마친 유안거는 한숨을 깊게 내쉬었다.

'이런 어처구니없는 일이 다 있나? 한 마을에서 어울려 살면서 성씨가 다르다고 따돌리고 괴롭히다니…….'

암행어사 박문수는 그 길로 집을 나와 관가를 찾아갔다. 박문수는 마패를 보이고 무예가 뛰어난 사람 넷을 뽑아 달라고 했다. 또 급히 오방신장 옷을 만들어 달라고 했다. 오방신장은 다섯 방위를 지키는 신으로 동·서·남·북·가운데, 이렇게 다섯 귀신을 말한다.

박문수는 노란 옷을 입고는 가운데 신인 노란 장군으로 변장을 하고 나머지 네 사람은 동·서·남·북 장군으로 꾸몄다. 그리고 나서 서둘러 그 집으로 돌아왔다.

다행히 혼례가 시작되기 전이었다. 변장한 박문수가 천운서 앞으로 나서며 큰 소리로 꾸짖었다.

"나는 남의 아내와 며느리를 빼앗으려는 못된 놈을 잡아 오라는 옥황상제의 명령을 받고 온 노란 장군이다. 동쪽의 푸른 장군, 남쪽의 붉은 장군, 서쪽의 하얀 장군, 북쪽의 검은 장군은 속히 이들을 묶어 끌고 가라."

박문수의 말이 떨어지자마자 사방에서 색색의 옷을 입은 장군들이 나타났다. 구경꾼들은 대낮에 귀신들이 나타났다며 놀라 내빼기 바빴다. 장군들은 천운서 부자를 묶어 어디론가 끌고 갔다. 그 뒤로 이들을 본 사람은 아무도 없었다. 암행어사 박문수도 조용히 그 마을을 떠났다.

나중에 암행어사 박문수가 구천동에 다시 들렀더니, 그 집은 하늘이 보살핀 집이라며 마을 사람들이 더 이상 따돌리지 않고 오히려 대접하며 살았다고 한다.

책을 읽다가 어느새 잠이 든 모양이다. 잠든 우진이를 누군가가 흔들어 깨웠다.

"애야, 어서 일어나라. 이런 데서 잠을 다 자다니 원."

우진이가 눈을 떠 보니 어느 집 마당이었다. 잔치라도 벌어진 듯 사람들이 모여 있었다. 웅성대며 모여 있는 사람들 사이로 웬 남자 둘이 줄에 묶인 채 꿇어앉아 있는 모습이 보였다. 그 남자들 앞에 누런 옷을 입은 사람도 보였는데, 그 사람이 뭐라고 하자 색색의 옷을 입은 사람들이 나와 꿇어앉아 있던 남자들을 끌고 갔다.

난데없는 귀신 소동에 구경꾼들도 혼이 나가 정신없이 도망을 쳤다. 가만히 보니 다들 흰 한복 차림이었다. 잠이 덜 깬 우진이만이 어안이 벙벙하여 오도 가도 못 한 채 서 있었다.

그때 누군가가 두리번거리는 우진이의 목덜미를 채어 숲 속으로 끌고 갔다. 우진이는 너무 놀라 발버둥을 치며 소리를 질렀다. 그런데 아무리 소리를 질러도 목소리가 나오지 않았다. 숨이 막혔다. 숲 속에 이르자 우진이를 잡았던 손을 풀며 누군가가 말했다.

"애야, 괜찮니?"

부드럽고도 위엄 있는 목소리였다. 우진이는 좀 안심이 되었는지 짜증스러운 말투로 대답했다.

"뭐예요? 남의 목이나 조르고. 숨막혀 죽는 줄 알았네."

"허허, 이 녀석 버릇이 없구나. 어른한테 뭐예요? 라니, 넌 부모님께 그렇게 배웠느냐?"

갑작스런 꾸중에 우진이는 움찔했다.

"잘못했어요. 그런데 정말 죽을 뻔했단 말이에요."

"그래, 그건 내가 잘못했구나. 그런데 너 내가 누군지 알겠느냐?"

가만히 살펴보니 이상한 아저씨였다. 얼굴에는 수염이 가득하고 머리에는 다 떨어져 덜렁거리는 갓을 쓰고 있었다. 그뿐이 아니었다. 허름한 두루마기에 짚신을 신고 등에는 봇짐 하나를 달랑 지고 있는 모양새가 아무리 봐도 제정신이 아니거나 아니면 어디서 연극이라도 하다가 뛰쳐나온 사람 같았다.

그런데 자세히 보니 어디선가 본 듯한 모습이었다.

"아……, 혹시 암행어사 박문수?"

"허허, 그래 내가 박문수란다. 네가 이번에 너희 반 암행어사가 됐다지?"

깜짝 놀란 우진이는 누가 듣지나 않을까 하고 주위를 살폈다.

"아저씨가 그걸 어떻게 아세요? 그건 절대 비밀인데……."

"다 아는 수가 있지. 그나저나 대단하구나. 암행어사라니."

"대단하기는요. 그것 때문에 얼마나 머리가 아픈데요. 그런데 아저씨 궁금한 게 있어요. 암행어사는 꼭 그렇게 몰래 다녀야 해요? 좀 치사한 거 아니에요?"

"치사해? 허허. 정말 그렇게 생각하느냐?"

박문수는 우진이 말이 무척 재미있다는 표정으로 되물었다.

"사실 몰래 다니는 건 좀 치사하긴 하잖아요. 떳떳하게 자신을 밝히고 나서 못된 사람 벌주고 억울한 사람 도와 주고 그러면 되는 거지. 몰래 감시당하면 기분이 얼마나 나쁜지 아세요? 없는 데서는 나랏님 욕도 한다는데."

"녀석, 제법이구나! 하긴 그런 생각이 들 수도 있겠지. 하지만 거기에는 깊은 뜻이 있단다."

"깊은 뜻이요?"

"내가 조금 전에 해결하고 온 일만 해도 그렇지만 때로는 암행어사라는 신분을 밝히지 않고 일을 하는 게 더 나을 때가 있지."

'조금 전에 해결한 일?'

우진이가 어리둥절한 표정으로 그게 무슨 일인지 생각해 내려고 애쓰고 있는데 박문수가 말을 이었다.

"왜 있잖느냐. 무주구천동에서 유안거라는 사람을 도와 준 일 말이다. 그게 다 내가 꾸민 일이라는 건 알고 있겠지?"

"그런데 전 이해가 안 가요. 아저씨처럼 산천초목도 벌벌 떨게 한다는 암행어사가 왜 그런 연극을 꾸미죠? 그냥 확 잡아다 벌을 주면 되는 거지. 안 그래요?"

"그건 그렇지 않단다. 만약 내가 암행어사로 출도해서 유안거를 도와 주었거나 관가에 천운서 부자를 신고했다면 유안거는 어떻게 됐겠느냐? 아마 동네 사람들의 따돌림이 더 심해져 유안거는 다른 곳으로 가야 했을지도 모른단다."

"아, 생각해 보니 정말 그러네요."

"더구나 내가 암행어사란 걸 알았다면 유안거가 자신의 어려운 처지를 말했을까? 아마 못 했을 거야. 오히려 입을 다물고 말았을 걸. 그러니 몰래 다니는 편이 여러 모로 낫다는 거다. 그건 그렇고 아까 네가 머리 아프다는 게 몰래 다니는 것 때문이냐?"

"그건 아니에요. 전 원래 체질상 암행어사 같은 건 못하거든요. 게다가 암행어사가 없어진 지가 언젠데 지금 그런 걸 해요? 지금은 21세기 대한민국이에요, 대한민국. 조선 시대가 아니라고요."

박문수는 그 말에 아무 대답없이 잠시 생각에 잠긴 듯하더니 지금까지 다정하던 말투와는 달리 단호하게 말했다.

"암행어사는 절대로 없어져서는 안 돼. 암행어사를 기다리는 사람들이 얼마나 많은데……."

'벌써 없어진 걸 뭐.'

우진이는 속으로만 생각했을 뿐 아무 말도 하지 않았다. 박문수가 우진이의 손을 잡았다. 너무 세게 잡아 아팠지만 그렇다고 뺄 수는 없었다. 박문수의 눈빛이 너무 진지했기 때문이었다.

"내 말 잘 들어라. 암행어사는 없어진 게 아니다. 네가 바로 암행어사 아니냐? 암행어사의 뜻을 잊지 말고 이어 주렴. 앞으로 네 도움을 필요로 하는 친구가 있을 거야. 그때는 망설이지 말고 이 아저씨가 유안거에게 했던 것처럼 도와 주렴. 암행어사는 그래야 해. 알았지? 넌 훌륭한 암행어사가 될 수 있을 거다."

한 마디 한 마디 새기듯 말을 마친 박문수는 수염이 덥수룩한 얼굴로 씩 웃어 보이고는 이내 사라졌다.

우진이는 아침에 엄마가 깨우는 소리를 듣고서야 이 모든 것이 꿈이란 걸 깨달았다. 꿈에서 박문수가 잡았던 손이 아직도 얼얼했다. 뒤척이다 손을 깔고 잔 모양이다.

'알았어요, 아저씨.'

우진이는 박문수가 그토록 자랑스럽게 생각하는 암행어사가 된 것이다. 우진이는 왠지 자기가 특별한 사람이라는 느낌이 들었다. 기분 좋은 아침이었다.

| 탐구발표 |

암행어사는 무슨 일을 했을까?

서미경 강봉기

주제 선정 이유

이번 탐구 조사에 앞서 설문 조사를 한 결과를 보면 많은 친구들이 암행어사가 하는 일을 잘 모른다는 걸 알 수 있었다. 물론 나도 마찬가지였다. 뿐만 아니라 안다고 대답한 아이들도 암행어사가 하는 일을 한두 가지 정도만 알고 있었다. 설마 한두 가지 일을 하라고 암행어사를 보내지는 않았을 거다. 그래서 암행어사의 임무에 대해 자세히 조사해 보기로 했다.

조사 방법

선생님은 봉서에 소주제를 써서 나눠 주었는데 원래 봉서는 임금이 암행어사에게 해야 할 일을 써 준 편지라고 했다. 그래서 봉서를 조사해 그 내용을 바탕으로 암행어사가 한 일을 정리해 보기로 했다. 봉서는 〈조선왕조실록〉과 암행어사에 관련된 책과 인터넷을 통해 찾아보았다.

봉서

봉서는 임금이 암행어사를 임명할 때 준 편지다. 봉서에는 암행어사를 임명한다는 내용과 감찰할 고을의 이름, 암행어사가 해야 할 일과 일을 해내는 방법까지 꼼꼼히 적혀 있다. 지시할 내용이 많을 때는 따로 사목이라는 것을 써 주기도 했다. 아래에 소개하는 것은 정조 임금 때 암행어사로 나간 심기태에게 준 봉서의 내용을 간략하게 정리한 것이다.

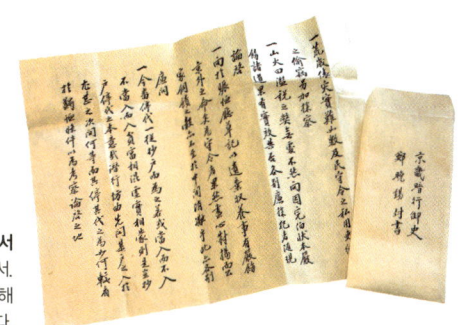

경기 암행어사 정만석 봉서
정조 임금이 경기 암행어사 정만석에게 내린 봉서.
이 봉서에는 가뭄 피해의 어려움에 대해
특히 잘 살피라는 내용이 쓰여 있다.

경기도와 충청도에서 경상도에 이르기까지 지나가는 각 고을도 맡은 지역 못지않게 소상히 살피라. 불법을 저지른 수령의 죄가 명백히 드러났을 경우에는 그 즉시 봉고*하고 그 죄에 대해서는 조정에 돌아온 뒤에 보고하도록 하라. 요즘 어사로 나간 자들이 입을 조심하지 않아 신분이 쉽게 탄로 나고 있다. 그대는 각별히 조심하여 행동하라. 암행에서 해야 할 일을 다음과 같이 자세히 기록한다.

- 수령뿐만 아니라 관찰사도 감찰 대상으로 삼아 자세히 살피도록 하라.
- 각 고을에서 백성들에게 곡식을 나누어 줌에 있어서 자기 배만 채우는 수령들이 있는지 자세히 살펴보라. 살필 때는 고을이나 창고에 대해서만 알아보지 말고 반드시 몸소 관청의 뜰에 들어가서 확인하도록 하라. 그리하여 잘못이 발견되면 그 자리에서 봉고하거나 엄중히 다스려 징계하라.
- 억울하게 옥에 갇힌 자들이 없는지 살펴서 그 억울함을 풀어 주도록 하라.
- 혹독한 형벌은 함부로 쓰지 않도록 법으로 정하고 있다. 또한 형구의 크기를 법으로 정해 놓았는데 이를 잘 지키고 있는지 알아보라.
- 이번에 나가면 각 고을에 숨어 있는 인재를 찾아 신분을 따지지 말고 보고하라. 내가 기대하는 마음이 간절하니 그대는 특별히 잘 찾아보도록 하라.

*봉고 : 창고 문을 잠그는 일.

〈정조실록〉 7년 6월 8일 (1783)

암행어사는 어떤 일을 했을까?

1. 수령이 백성을 잘 다스리는지 감찰한다. 이때 수령의 잘못을 찾아내거나 조사할 사건이 있으면 출도하여 해결한다.

2. 새로운 정책이나 제도가 잘 시행되고 있는지 살펴보고 백성들이 바라는 점이 무엇인지 알아본다. 이 일은 백성들의 생각을 알아보기 위한 것으로 지금의 여론 조사와 비슷하다.

3. 백성들의 생활에 어려움이 없는지 살핀다. 해결할 수 있는 일이면 그 자리에서 처리하고, 그렇지 않을 경우에 임금에게 보고하여 해결 방법을 찾는다.

4. 숨은 인재를 찾고 효행이나 미담을 찾아낸다. 찾아낸 인재는 임금한테 추천하고 효행이나 미담의 주인공에게는 상을 준다.

5. 그 밖에 그때그때 각 고을의 형편에 맞추어 특별 임무를 받을 때도 있다. 예를 들어 가뭄이 심한 고을로 나가 피해 상황을 조사한다거나 도둑이 들끓는 지역에 나가 백성들의 생활을 안정시키는 일 등을 한다.

조사를 마치고 나서

봉서를 보니 정조 임금이 암행어사에 거는 기대가 그대로 느껴진다. 글귀마다 백성을 걱정하는 임금의 마음이 절절이 묻어나는 것 같다. 이런 봉서를 받으면 누구라도 사명감이 솟아날 것이다.

봉서에 담긴 것은 단순히 임금의 명령만이 아니라 백성을 사랑하는 임금의 마음, 그 자체인 것 같다. 또 암행어사는 단순하게 수령을 감시하고 백성들의 억울함을 풀어 주는 사람이라고만 생각했는데 다른 여러 가지 일들을 해냈다는 것을 알게 되었다.

이상한 분위기

"강우진, 너 봉서 봤냐? 혹시 암행어사?"

학교 가는 길에 아란이가 우진이를 보자마자 대뜸 물었다.

"아 아니야, 내가 무슨 암행어사라고 그래?"

느닷없는 물음에 놀란 우진이는 황급히 손을 내저으며 말했다.

"아니면 말지 뭘 그렇게 놀라냐? 하긴 암행어사라고 해도 절대로 말하지 말랬으니까. 난 어제 집에 가서 혹시나 하고 봤는데 역시나 아니더라고."

"당연하지. 너 같은 범생이를 시켰다간 다 들통날 테니까. 게다가 탐구 대회 주제도 네 의견이잖아."

"야, 나더러 범생이라고 하지 말랬지? 너 또 한 번만 그래 봐. 그나저나 이번에는 누가 됐을까? 궁금하다 그지?"

"궁금하긴 뭐가 궁금하냐? 아무나 되면 어떻다고."

우진이는 무심한 듯 말했지만 속으로는 눈치 빠른 아란이가 알아챌까 봐 조마조마했다.

"아참, 우진이 너 조사할 소주제가 뭐야? 우리 같이 하자."

"어, 글쎄. 보긴 봤는데……. 뭐였더라……."

우진이는 말끝을 얼버무렸다. 어제는 임명장에 정신이 팔려서 탐구 대회 소주제는 볼 생각도 하지 못했다.

"어련하시겠어. 그럼 나중에 꼭 얘기해 줘."

교실에 들어서자 우진이는 가슴이 콩닥콩닥 뛰었다. 아무렇지도 않은 듯 자리에 앉았지만 아이들이 암행어사란 말을 할 때마다 우진이는 가슴이 뜨끔했다.

우진이는 교실 안을 둘러보았다. 웃고 떠들고 노는 애들로 소란스러운 분위기였다. 어제까지만 해도 우진이는 장난을 치기 바빠 다른 애들이 뭘 하는지 관심도 없었다. 암행어사만 아니라면 지금도 그랬을 거다. 우진이는 주의 깊게 다른 친구들을 살펴보았다. 그러면서도 애들이 눈치채지 않도록 보통 때와 다름없이 행동하려고 애썼다. 그 순간 찬찬히 친구들의 모습을 살피던 우진이의 눈길이 정호한테서 멈추었다.

'이렇게 시끄러운데도 책을 읽고 있다니……, 역시 책벌레는 달

라. 아무리 그래도 쉬는 시간에는 놀아야지. 웬 책?'

그런데 정호의 모습이 좀 이상했다. 겉으로 보기에는 열심히 책을 읽는 것 같은데 가끔 힐끗힐끗 친구들을 보았다. 마치 뭔가를 몰래 훔쳐보는 사람 같았다. 우진이는 정호가 하는 행동을 몰래 지켜보기로 했다.

정호 뒷자리에 앉은 아이들이 무슨 얘기를 하는지 왁자지껄 떠들어 대고 있었다. 들으나마나 어제 본 텔레비전 프로그램이나 요즘 한창 열을 올리면서 하는 온라인 게임에 관한 이야기일 것 같았다. 그때였다. 갑자기 뒤에서 와 하는 소리가 나자 정호가 고개를 돌려 바라보았다.

"야, 뭘 봐?"

그러자 정호는 말없이 다시 책 속에 머리를 묻었다.

잠시 뒤 정호는 화장실이라도 가려는지 일어섰다. 그때 뒷자리에 앉은 아이가 슬쩍 발을 걸었다. 정호는 비틀거리며 넘어졌고, 주위에 있던 친구들은 그런 정호를 보며 깔깔 웃어댔다. 정호는 시뻘개진 얼굴로 교실을 빠져 나갔다. 이걸 지켜보고 있던 우진이는 덩달아 얼굴이 화끈거렸다.

우진이는 모르던 사실이었다. 정호와는 자리도 먼데다가 우진이는 늘 아이들과 시끌벅적하게 지냈기 때문에 정호에 대해서는 관

심도 없었다. 언제나 조용히 책만 보고 있어서 그저 책을 좋아하는 아이라고만 생각했지, 이렇게 아이들에게 무시를 당하고 있는 줄은 정말 몰랐다.

그러고 보니 정호는 밥 먹을 때도 집에 갈 때도 늘 혼자였던 것 같다. 개학 첫날 어떤 애들이 정호랑 같은 반이 된 게 재수 없다며 수군거리던 것도 떠올랐다. 지나가는 말로 듣고 말았는데 그 뒤로 몇몇 아이들은 계속 정호를 괴롭히는 모양이었다.

놀라운 사실이긴 했지만 우진이는 곧 정호에 대한 관심을 접기로 했다. 암행어사는 착한 일만 보는 거니까 이런 일에는 나서면 안 되는 거였다. 아니 어쩌면 우진이가 나서고 싶지 않은 건지도 모른다.

'이건 암행어사 임무하고 상관없는 일이야. 또 정호에게 뭔가 문제가 있으니까 애들이 그러는 거 아니겠어? 괜히 그럴 리가 없지. 그러니 내가 나설 필요가 없는 거야.'

우진이는 이렇게 자신에게 일렀다. 하지만 암행어사가 아니었다면 우진이는 이런 일을 알아차리지 못했을 뿐만 아니라 늘 그랬던 것처럼 친한 친구들과 끼리끼리 어울리며 한 학년을 보냈을 거다. 그런데도 우진이는 정호의 일이 암행어사와는 상관없는 일이라고 말하고 있었다.

결국 우진이는 마음 한 구석이 켕기기는 했지만 자기가 괴롭히지만 않으면 된다고 생각하고는 그냥 눈 감아버리는 쪽으로 결론을 내렸다. 꿈에서 암행어사 박문수가 한 말 따위는 잊어버린 모양이다.

그런데 얼마 안 있어 곧 우진이가 정호를 모른 척할 수 없게 만든 일이 벌어졌다.

| 탐구발표 |

안 되겠다, 암행어사를 보내자

임하연 이주하

주제 선정 이유

처음에 암행어사 제도에 대해 설명할 때 선생님은 어느 시대나 관리를 감시하는 제도가 있지만 조선 시대의 암행어사처럼 독특한 제도는 없었다고 했다. 선생님 설명을 듣고 나니 다른 감찰 제도가 있는데 왜 굳이 암행어사 제도를 더 만들었는지 궁금했다. 또 언제부터 암행어사를 보내게 되었는지도 알고 싶었다.

조사 방법

궁금한 마음에 조사를 하기로 했지만 자료 조사가 생각보다 쉽지 않았다. 암행어사에 대한 자료는 많이 있었지만 우리가 바라는 답을 찾을 수 없었다. 그래서 어른들의 도움을 받아 〈조선왕조실록〉에서 수령 때문에 고민하는 기사와 암행어사에 관련된 기사를 찾아 자료를 모았다.

왜 암행어사를 보내게 되었나?

이른 아침 궁궐에서 임금이 신하들을 불러 놓고 회의를 하고 있다. 안건은 '백성을 괴롭히는 수령을 찾아내는 법'이다.

임금 요즘 듣자하니 수령 가운데 백성들을 괴롭히고 못살게 구는 자가 있다는데 이게 어찌된 일인가?

신하 1 황공하옵니다 전하. 몇몇 수령이 자신의 잇속만을 차린다는 소문이…….

신하 2 소문이 아니라 사실입니다. 뿐만 아니라 욕심 많고 사나운 아전*이 수령 못지않게 횡포를 부려 백성의 생활이 고달프기 그지없습니다. 하루빨리 대책을 마련해야 할 것입니다.

신하 3 수령의 비리는 한두 해의 문제가 아닙니다만, 이를 알아내어 처벌하는 일이 쉽지 않은 줄로 압니다.

임금 그렇다고 백성들에게 어버이나 다름없는 수령을 고발하라고 할 수도 없으니, 백성을 괴롭히는 수령을 어찌 찾아내면 좋겠는가?

신하 2 전하, 어사를 보내심이 어떠한지요?

임금 어사? 어사라……. 그래, 그거 좋은 생각이구나. 전에도 보낸 적이 있지 않았더냐? 경들의 생각은 어떤가?

신하 1 하오나 전하, 지금 수령을 감찰하는 일은 각 도의 관찰사*가 맡고 있는데, 또 어사를 보낸다면 수령을 이중으로 감시하는 셈입니다. 관찰사로 하여금 더욱 엄히 살피도록 하는 것이 옳은 줄로 아옵니다.

신하 2 아니옵니다 전하. 관찰사는 해야 할 일이 많고, 한 도를 떠맡아 살피기에는 두루 미치지 못하는 바가 있습니다. 때때로 어사를 보내는 것이 마땅할 줄로 아옵니다.

신하 1 이보시오. 지난번 일을 벌써 잊었소? 전하, 어사가 온다고 수령이 성문을 걸어 잠그는 바람에 들어가지도 못하고 굶주림과 추위에 지쳐 죽을 뻔한 어사가 있습니다. 또 백성들이 어사한테 수령의 잘못을 말했다가 어사가 돌아간 뒤에 수령에게 보복을 당한 일도 있습니다. 그러니 누가 어사에게 바른말을 하겠습니까?

신하 3 또한 어사가 나간다는 소식이 들리면 비리를 저지른 수령들이 이에 대비해 거짓 행동을 할 터이니 수령의 잘못을 찾아내기는 어려울 것입니다.

신하 2 하오나 전하, 지금으로서는 어사 말고는 다른 방도가 없습니다.

임금 이렇게 의견이 맞서면 대체 어찌해야 한단 말이냐?

신하 1, 2, 3 …….

신하 3 그렇다면 전하, 몰래 보내심이 어떨런지요? 아무도 모르게 간다면 수령들도 어쩔 수 없을 것입니다. 또 몰래 다닌다면 백성들의 불만이나 바람도 더 잘 들을 수 있지 않겠습니까?

신하 1 허험. 체통이 있지, 어명을 받은 자가 어찌 몰래 다닌단 말이오.

신하 2 지금 체통이 문제요? 백성들이 죽으냐 사느냐 하는 판에…….

임금 다투지들 말라. 듣고 보니 몰래 보내는 것도 괜찮을 듯하구나. 암행을 하는 것이 그리 보기 좋은 것은 아니다만 백성들의 기쁨과 슬픔이 수령에게 달려 있으니, 어찌 어사의 체통만을 중하다 하겠는가? 내 뜻을 헤아린다면 더 이상 반대하지 말라.

신하 1, 2, 3 성은이 망극하옵니다.

해설 오랜 회의 끝에 조정에서는 감찰 관리가 가진 문제점을 해결하기 위해 몰래 감찰하는 방법을 생각해 냈다. 그리하여 온 나라에 몰래 다니는 어사, 즉 암행어사를 보내게 되었다.

---

* 아 전 : 중앙과 지방의 관청에서 일을 보던 신분이 낮은 관리로, 지방 수령 아래에서 실제 업무를 맡아 보았다.
* 관찰사 : 한 도를 맡아 다스린 관리로, 다른 말로 감사라고도 한다. 관찰사는 수령을 감찰하는 일도 했다.

이것이 궁금하다?

암행어사는 언제부터 보내게 되었나?

맨 처음 암행어사를 어느 임금이 보냈는지는 정확한 기록이 없어 알 수가 없다. 성종 임금 때 암행어사를 보냈다는 기록이 있지만 언제 누가 나갔는지 자세히 쓰여 있지 않고, 중종 임금 때도 띄엄띄엄 보냈다는 기록만이 있다. 그러다가 드디어 명종 임금 5년(1550)에 팔도에 암행어사를 보내기 시작하여 고종 임금 35년(1898)까지 꾸준히 보냈다. 흔히 고종 임금 29년(1892)에 나간 이면상이 마지막 암행어사라고 알려져 있으나 이면상 다음에도 여러 차례 암행어사를 보냈다는 기록이 남아 있다.

조사를 마치고 나서

이번 조사를 통해 암행어사가 제도로 자리 잡기까지는 꽤 오랜 세월이 걸렸다는 걸 알았다. 성종 임금 때부터 70여 년이 지난 명종 임금 때에 와서야 제대로 암행어사를 보내기 시작했으니 말이다. 하지만 이렇게 어렵게 만든 암행어사 제도가 400여 년을 이어온 걸 보면 70여 년의 세월이 결코 아까운 것만은 아닌 것 같다.

정확한 기록을 찾기가 어려워 탐구 과제를 해결하기가 무척 어려웠다. 그래서 이모의 도움을 얻어 '가상 궁궐 회의' 형식으로 쓰게 되었다. 자료를 읽다 보니 백성들을 괴롭히는 수령들을 찾아내기 위해 조선 시대 임금과 신하들의 고민하는 모습이 눈물겹게 느껴졌다. 한편으로는 그렇게 못된 수령이 많았나 싶어 한심한 생각도 들었다.

아란, 정호와 이야기를 나누다

오늘은 현장 학습 가는 날이다. 학교 밖으로 나오니 우진이는 왠지 암행어사라는 생각에서 벗어나 홀가분한 마음이 들었다. 사실 암행어사라고 별로 하는 일은 없지만 공부가 끝나고 아이들이 청소하는 걸 보는 것도 쉬운 일은 아니었다. 집에 늦게 가는 것도 힘들었지만 그보다 다른 애들의 눈에 띄지 않게 남아 있는 게 더 어려웠다. 우진이는 늘 선생님의 종례가 끝나자마자 튀어나갔는데, 요즘은 교실에 늦게까지 남아 있을 때가 많아 잘못하다가는 애들이 의심을 할 것 같았다.

현장 학습 가는 곳은 동네 가까이 있는 다산 정약용 유적지였다. 가깝다고는 해도 차를 타고 30분쯤은 가야했다. 우진이가 사는 경기도 남양주시는 다산 정약용이 태어난 곳이다. 그래서 이 근처 초

등 학교 학생들은 현장 학습으로 꼭 한 번쯤은 다산 정약용 유적지에 다녀온다.

우진이는 정약용이란 사람이 어떤 사람인지는 잘 몰라도 우리 고장에서 태어난 사람이라는 건 들어서 알고 있었다. 3학년 때 우리 고장의 모습을 배우는 단원에서 알게 되었는데 이 동네 다른 아이들도 우진이와 비슷했다.

차에서 내리자 선생님은 줄을 맞춰 아이들을 세웠다. 여자와 남자가 짝이 되어 두 줄로 섰다. 우진이는 아란이와 함께 서고 싶었는데 뒤로 밀리는 바람에 다른 아이와 짝이 되었다. 아란이는 정호랑 짝이 되었다. 하필이면!

사실 어제 우진이에게 큰 사건이 있었다. 아란이에게 암행어사라는 걸 들켜 버린 거다. 며칠째 학교에 남아 늦게 오던 우진이를 수상하게 여긴 아란이가 다짜고짜 다그치는 바람에 얼떨결에 그만 털어놓고 말았다.

"역시 그랬군. 내 짐작이 맞았어."

아란이는 자신의 추리가 맞았다는 사실에 만족스러워 하며 마치 범인에게 아량이라도 베푸는 듯한 말투로 덧붙였다.

"뭐, 그렇다고 너무 걱정하지는 마. 그깟 비밀이야 내가 지켜주지. 그런데 암행어사 그거 할 만하니?"

"그게 말이야. 사실 너무 힘들어. 맨날 남아서 보는 것도 좀 지겹고. 쉬는 시간에도 마음 편히 쉬지도 못하겠더라고."

"정말 힘들겠다. 너 같은 말썽쟁이가."

"그런데 한 가지 걸리는 게 있어. 그냥 모른 척하자니 찜찜하고 그렇다고 뾰족한 수도 없고……."

우진이는 슬며시 정호 얘기를 꺼냈다. 진작부터 아란이랑 의논하고 싶던 일이기도 했다.

"정호 말이야. 애들이 걔 싫어하는 것 같더라. 너도 알지? 어제도 애들이 정호 신발 숨겨서 한참 찾았잖아. 집에도 못 가고. 같이 안 노는 건 이해하겠는데 그렇게 괴롭힐 거야 없지 않냐?"

"그러게. 나도 몇 번 그런 거 봤는데, 좀 안 됐더라."

"어떻게 해야 할지 모르겠어. 그냥 모른 척하자니 마음에 걸려. 정호 걔 성격이 좀 이상한 거 아니냐? 네가 볼 때는 어때?"

"글쎄, 잘 모르겠는걸. 내가 한번 말 좀 붙여 볼까? 나도 정호랑은 한 번도 얘기해 본 적 없거든."

"야, 안 돼. 괜히 남의 일에 나섰다가 너까지 애들이 재수 없다고 그러면 어쩌려고."

우진이는 아란이가 진짜로 정호에게 아는 척을 할까 봐 걱정되었다. 아란이는 뭐든 한다고 하면 하는 성격이었다. 그런데 그런 아란이와 정호가 오늘 짝이 되어 버린 것이다.

유적지로 들어가면서도 우진이는 어제 아란이에게 괜히 정호에 대해 말한 것 같아 마음이 불편했다. 그때 선생님과 반 아이들이 유적지로 들어가기 시작했다. 유적지로 들어가는 길 오른쪽에는 다산 정약용의 생애를 써 놓은 돌판이 있고 곳곳에는 나무 기둥이

서 있었다. 나무 기둥 하나하나에는 정약용이 쓴 목민심서라는 책에서 따온 글귀가 새겨진 금속판이 붙어 있었다.

> 토호의 무단적인 행동은 소민들에게 승냥이나
> 호랑이 같은 것이다. 승냥이나 호랑이를 제거하여
> 양 같은 백성을 살려야만 이를 목이라 할 수 있다.
> <목민심서 제9부 열전 6>

선생님이 열심히 설명을 했지만 제대로 듣는 아이들은 몇 안 되었다. 모처럼 밖으로 나온 아이들은 저희들끼리 신이 나서 웃고 까불어 댔다.

아란이와 정호는 선생님 말을 수첩에 적어가며 진지하게 듣고 있었다. 토호니 무단이니 하는 말은 좀 어려웠지만 아무튼 백성을 사랑하고 지켜야 한다는 말인 것 같았다. 그리고 백성을 괴롭히는 무리를 호랑이나 승냥이에 빗댄 것도 재미있었다.

기와로 지붕을 댄 대문을 들어서니 넓은 마당이 나왔다. 아이들은 먼저 왼쪽에 있는 다산 기념관에 들어갔다. 거기에는 다산 정약용이 한 일과 살아온 생애를 알 수 있는 것들이 전시되어 있었다.

아이들은 녹로와 거중기를 신기한 듯이 보며 정약용이 발명가라는 둥, 학자라는 둥 저마다 떠들어 댔다.

"너 정약용이 암행어사였다는 거 아니?"

아란이가 한참 거중기를 보고 있는데 옆에 있던 정호가 말을 걸었다.

"그래? 정약용이 암행어사였다고?"

아란이는 호기심에 찬 눈빛으로 되물었다. 아란이는 정약용이 암행어사였다는 사실보다 정호가 자기에게 말을 걸었다는 사실이 더 신기했다. 정호가 학교에서는 워낙 말이 없이 지냈기 때문이었다. 여러 아이들과 두루 친한 아란이조차도 정호랑은 한 번도 말을 한 적이 없었다. 정호는 반에서 없는 아이나 마찬가지였다.

"응. 저기 봐."

정호는 출입구 쪽 벽에 붙어 있는 연보를 가리켰다.

'1794. 경기도 암행어사. 홍문관 부교리 등 역임.'

"정말이네."

"그래서 정약용이 백성들을 생각하는 마음이 남달랐던 거래. 아까 본 녹로나 거중기도 백성들이 일하는 데 힘을 덜 들게 하려고 만든 거라고 했어. 그게 바로 정약용이 암행어사로 나갔을 때 백성들의 어려운 생활 모습을 보고 깨달았기 때문이라는 거야."

"정말? 넌 어떻게 그렇게 잘 아니?"

"으응……. 사실은 밖에 있는 검은 돌판에 다 쓰여 있는 거야."

"그새 그걸 다 읽었어?"

"전에 엄마랑 왔을 때 본 거야."

아란이는 고개를 끄덕였다.

"정약용뿐만이 아니야. 우리가 아는 위인들 가운데 암행어사였던 사람이 또 있어. 김정희 알지? 붓글씨 잘 쓰는 사람 말이야."

"알아. 김정희도 암행어사야? 와, 재미있다. 난 암행어사라면 박문수밖에 모르는데. 넌 많이 아는구나."

"그냥 조금. 어릴 때부터 암행어사를 좋아했거든. 네가 탐구 주제로 암행어사를 하자고 했을 때 정말 좋았어. 너도 암행어사 좋아하는 거 같던데……."

아란이가 정호랑 이야기를 나누고 있는 모습을 본 아이들이 쑥덕거렸다. 아란이는 마음이 맞는 친구를 만난 양 정호의 이야기에 쏙 빠져들었다.

점심을 먹고 나서 잠시 짬이 나자 아란이와 정호는 제대로 못 본 곳을 둘러보기로 했다. 둘은 대문 밖으로 나가 양쪽 돌에 새겨진 글귀들도 천천히 읽어 보았다. 아까는 미처 시간이 없어 지나친 곳이었다. 하지만 어려운 말들이 많아 대충 읽어야 했다. 그러다 아란이와 정호는 한 곳에서 딱 멈추어 섰다.

"잘은 모르겠지만 정약용은 백성을 위하는 마음이 정말 대단했

> **수령은 백성을 위해서 있다**
>
> 수령이 백성을 위해서 있는 것인가, 백성이 수령을 위해서 생겨난 것인가?
> 백성이 곡식과 옷감을 바쳐 수령을 섬기고, 또 수레와 말과 하인들을 내어
> 수령을 맞아들이고 떠나보내며, 또는 기름과 피와 진액과 골수를
> 다 없애서 그 수령을 살찌우고 있으니 백성이 과연 수령을 위하여
> 생겨난 것인가. 그렇지 않다. 수령이 백성을 위해서 있는 것이다.
>
> <여유당집 원목>

던 것 같아."

"그래 맞아. 그런데 이상하지 않냐? 왜 이런 훌륭한 분이 유배를 당했을까?"

아란이와 정호는 정약용과 같은 사람이 유배를 당했다는 사실이 이해되지 않았다. 현장 학습을 끝내고 학교로 돌아올 때까지도 둘은 정약용과 암행어사에 대해 이야기했다.

"그럼 각자 알아보고 만나서 얘기하자."

헤어지기 전에 아란이와 정호는 탐구 조사를 함께 하기로 약속을 했다.

집에 오는 길에 우진이는 왠지 뾰로통해 있었다. 아무래도 아란이가 정호와 이야기를 나눈 것 때문인 듯 했다. 그런 우진이의 속

도 모르고 아란이는 우진이에게 정호가 들려준 암행어사 이야기를 했다.

"우진아, 암행어사 가운데 유명한 사람도 많은가 봐. 우리 정호네 가서 탐구 조사 같이 안 할래? 걔네 집에 책도 굉장히 많대."

"싫어. 너나 가서 해. 넌 그딴 녀석이랑 떠드는 게 그렇게 재미있냐? 하루 종일 붙어다니게. 애들이 뭐라고 하는지 알아?"

우진이가 괜히 면박을 줬다.

"애들이? 뭐라고 그러는데?"

"몰라. 아무튼 조심해라. 정호랑 사귄다는 소리 듣기 싫으면."

우진이는 어리둥절해하는 아란이를 뒤로 하고 집으로 갔다.

'바보. 저까지 정호처럼 되면 어쩌려고……'

우진이는 진심으로 아란이가 걱정되었다.

다산 유적지 둘러보기

경기도 남양주시 능래리에 있는 유적으로 경기도 기념물 제7호로 지정되어 있다. 다산 정약용은 여기서 태어나 어린 시절을 보냈고, 그 뒤 오랜 유배 생활을 마치고 돌아와 남은 여생을 보냈다. 유적지 안에는 다산이 태어난 집을 비롯해 다산 기념관과 다산 문화관과 묘역이 있다. 다산 기념관에는 다산의 생애를 보여 주는 유물이 전시되어 있고 다산 문화관에서는 다산의 생애를 담은 영상물을 상영한다.

1. 다산과 부인 홍씨가 함께 묻힌 묘. 2. 다산이 태어난 집. 다산은 고향으로 돌아온 뒤 이곳을 여유당이라 이름 짓고 머물렀다. 3. 다산이 고안한 무거운 물건을 들어올리는 기계. 1796년에 수원화성을 지을 때 썼다.
4. 다산이 유배 생활을 하는 동안 쓴 책. 지방 관리가 백성을 다스리는 도리에 대한 내용을 담고 있다.

| 탐구발표 |

조선 최고의 암행어사를 찾아라

이재원

주제 선정 이유

우리는 흔히 암행어사라면 박문수만을 떠올리는데, 박문수 말고도 기록에 이름이 남은 사람이 600여 명이나 된다고 한다. 그렇다면 박문수 못지않게 활약한 암행어사도 있을 것이다. 그래서 이런 암행어사들을 찾아 그들의 활약을 조사하고 싶어 이번 주제를 정했다.

조사 방법

암행어사에 대한 책이나 인터넷을 보고 인상 깊은 일화를 남긴 암행어사를 찾았다. 그 가운데서 암행어사로서 두드러진 활약을 보인 인물과 암행어사로서 보다는 다른 방면에서 더욱 두드러진 활약을 보인 인물로 나누어 정리했다. 암행어사로 유명한 인물로는 박문수와 박규수를 뽑았다. 박문수는 암행어사의 대표 인물이기에 뽑았고, 박규수는 친구의 아버지를 파직시킬 만큼 자신의 임무에 충실한 점이 멋있어 조사했다.

활약이 돋보이는 암행어사

백성들의 사랑을 한 몸에
암행어사 박문수

(朴文秀, 1691~1756)

박문수는 뛰어난 관리이고 공신이지만 우리에게는 암행어사로 널리 알려져 있다. 박문수는 영조 임금 3년(1727)에 영조 임금의 부름을 받아 영남어사로 나갔고, 영조 임금 7년(1731)에는 호서어사로 활약했다. 그래서인지 유달리 박문수에 얽힌 일화가 많이 전해 내려온다. 그러나 이런 박문수도 처음에는 영조 임금이 암행어사 임명을 반대하였다고 한다. 수령을 한 번도 해 보지 않은 풋내기 관리였기 때문이었다. 하지만 박문수의 능력과 사람됨을 잘 아는 좌의정이 강력하게 추천하여 암행어사가 되었다. 뿐만 아니라 영남지방을 다녀와서 한 일을 보고 받은 영조 임금은 그 뒤로 박문수의 날카로운 판단력과 곧은 심성을 믿고 몹시 아꼈다고 한다.

박문수는 백성들의 처지를 잘 이해했다. 암행어사라면 누구나 백성을 먼저 생각해야 하지만 박문수는 남달랐다. 난이 일어나거나 도적이 들끓는 지역도 마다 않고 뛰어들어 백성들의 흐트러진 마음을 다독였다.

또한 박문수는 임금에게도 바른말을 잘 하고 잘못을 저지른 사람은 신분이 높을수록 더욱 엄하게 다스렸다고 한다. 이런 강직한 성품 때문에 박문수는 백성들의 믿음과 사랑을 한 몸에 받는 암행어사로 길이 남게 되었다.

우정이냐 원칙이냐
암행어사 박규수

(朴珪壽, 1807~1877)

박규수는 실학자 연암 박지원의 손자로서 조선 말기에 개화사상가로 유명한 인물이다. 철종 임금 5년(1854)에 암행어사로 임명되어 영남지방으로 내려갔다. 박규수는 밀양에 출도하여 밀양부사 서유여를 조사하게 되었는데, 서유여는 박규수의 절친한 친구인 서승보의 아버지였다. 그러나 박규수는 친구의 아버지라 하여 잘못을 눈감아 줄 수 없어 원칙대로 서유여를 파직시켰다. 이 일로 서승보가 친구 관계를 끊어 버리자 박규수는 몹시 괴로워했다고 한다. 그 뒤 박규수는 4천여 리에 가까운 거리를 다니면서 암행어사 임무를 훌륭하게 해내고 돌아와 보고 들은 내용을 자세히 보고했다. 뿐만 아니라 따로 정치에 대한 문제점을 조목조목 정리하여 보고함으로써 자신이 맡은 임무를 성실하게 마무리 했다.

박규수가 괴로운 마음을 담아 동생 박선수에게 보낸 편지

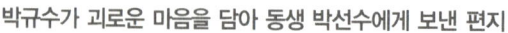

서승보는 평생 가까이 지내며 아끼던 친구다. 어찌 하루 아침에 친구 관계를 끊을 수 있느냐? 천하에 이런 도리가 어디 있단 말이냐? 의지할 곳 없는 세상에 생각을 나누어 이야기할 만한 사람이 얼마나 되겠느냐? 마음이 근심으로 가득 차고 머리는 어지럽다. 잠도 오지 않고 밥을 먹어도 맛을 모르겠으며 방 안을 돌며 괴로워하니, 생전에 이런 일은 처음 당해 본다. 집안 식구들은 내가 집을 떠나 병이 들까 걱정하지만 이런 괴로움은 전혀 알지 못할 것이다.

- 박규수 문집 《환재집》

여러 방면에서 이름을 날린 암행어사

다산 정약용

정약용(1762~1836)
정조 임금 18년(1794)에 경기도 지역에 암행어사로 나갔다. 이때 백성들의 비참한 생활을 보게 되는데, 이러한 경험은 나중에 〈목민심서〉를 쓰는 밑거름이 된다.

박만정(1648~1717)
숙종 임금 22년(1696)에 황해도 암행어사로 활동했다. 이때의 일을 날마다 기록하여 〈해서암행일기〉를 남겼는데, 암행어사에 대해 알 수 있는 소중한 기록으로 전해진다.

추사 김정희의 글씨

김정희(1786~1856)
순조 임금 26년(1826)에 충청도 암행어사로 활동했다. 뛰어난 서예가로 추사체라는 독특한 서체를 만들었다.

박세당(1629~1703)
현종 임금 5년(1664)에 황해도에 암행어사로 활동했다. 백성들이 군포 때문에 시달리는 것을 보고 부담을 줄여 줄 것을 건의했다. 실학파 학자로도 유명하다.

조사를 마치고 나서

암행어사라면 박문수밖에 몰랐는데 조사하다 보니 다른 암행어사를 많이 알게 되었다. 여기에 다 소개하지는 못했지만 암행어사 가운데는 자칫 묻힐 뻔한 살인 사건을 해결한 암행어사나 이름만으로도 수령을 벌벌 떨게 한 암행어사도 있었다. 유명한 사람 가운데도 암행어사가 많았다. 그러고 보면 정말 능력 있는 사람이 암행어사를 했나 보다. 아니면 암행어사를 했기 때문에 나중에 훌륭해진 건가? 아무튼 암행어사를 지낸 사람 가운데 훌륭한 사람이 많아 뿌듯했다.

정호의 쪽지

다음 날부터 우진이네 반에는 아란이랑 정호가 사귄다는 소문이 쫙 퍼졌다. 그런 소문을 아는지 모르는지 아란이는 정호에게 스스럼없이 말을 건넸다.

속이 타는 건 우진이였다. 자기가 좋아하는 친구가 아이들의 놀림감이 되는 건 참을 수 없었다. 더 답답한 건 아란이가 도무지 이런 상황을 깨닫지 못하고 있다는 거다.

그렇게 며칠이 지난 어느 날, 아침부터 교실 안이 시끌벅적했다. 무슨 일인가 궁금해하며 들어선 우진이에게 칠판에 커다랗게 쓰여 있는 낙서가 보였다.

정호 ♡ 아란 = 재수 + 재수 = 왕재수

우진이와 함께 들어서던 아란이는 얼굴이 시뻘개지더니 칠판 앞으로 나가 낙서를 지우고는 밖으로 뛰쳐나갔다. 우진이도 얼른 가방을 내던지고 뒤쫓아 나갔다. 아이들의 눈초리에 뒤통수가 따가웠지만 그런 것에 마음 쓸 겨를이 없었다. 어쨌든 아란이는 우진이가 좋아하는 친구였다.

아란이는 학교 등나무 아래 의자에 앉아 있었다. 울었는지 눈두덩이 빨갰다. 우진이는 속으로 조금 놀랐다. 아란이가 우는 모습을 처음 보았기 때문이었다. 아란이는 여간해서는 울지 않는다.

우진이는 마음과는 달리 무뚝뚝하게 말했다.

"그러게 내가 정호랑 친하게 지내지 말랬지? 애들이 뭐라고 할지 뻔한데 그런 것도 모르고 바보같이……."

"……."

"애들이 정호를 싫어하는 데는 다 이유가 있는 거야. 그러니까 너도……."

우진이의 말을 툭 끊으며 아란이가 쏘아붙였다.

"이유는 무슨 이유? 그딴 말 하려거든 너도 가 버려. 정호가 뭐 잘못한 것도 아니고, 만약에 잘못했다고 해도 그래. 그렇다고 친구를 괴롭히냐?"

"왜 나한테 화를 내냐? 솔직히 나도 정호 녀석 재수 없어."

우진이는 아란이가 정호를 두둔하는 말을 하는 게 싫어서 마음에도 없는 말을 내뱉었다.

"넌 그러고도 암행어사니?"

아란이가 비웃듯이 말했다.

"여기서 암행어사가 왜 나오냐? 내가 뭘 어쨌다고."

"너같이 비겁한 겁쟁이가 암행어사라니……. 자격도 안 되는 주제에. 박문수가 지하에서 웃겠다."

"뭐라고? 말끝마다 암행어사, 암행어사. 아유 지겨워. 몰라, 너 혼자 울든지 말든지 알아서 해. 난 들어갈 테니까."

우진이는 홧김에 모질게 퍼붓고는 혼자서 교실로 들어왔다.

우진이는 공부 시간 내내 기분이 언짢았다. 여러 가지 생각이 복잡하게 떠올라 머리가 터질 것만 같았다. 속이 상해 울던 아란이를 생각하면 안쓰럽다가도 그깟 녀석 때문에 이런 꼴을 당했다고 생각하면 화가 나기도 했다. 아란이도 하루 종일 딴 생각에 빠져 있는 것 같았다.

그날 이후 아란이와 우진이는 학교를 오갈 때 마주치면서도 며칠을 별말 없이 지냈다. 특별히 피하지는 않았지만 어쨌든 전과 같지는 않았다. 우진이는 용기를 내어 말을 걸어 보려 했지만 막상 아란이를 보면 말을 꺼내기가 어려웠다.

아란이는 오히려 보란 듯이 정호와 친하게 지냈다. 아니 어쩌면 그럴 수밖에 없었는지도 모른다. 아이들이 아란이를 전처럼 대해 주지 않았기 때문이다. 우진이조차도.

우진이 마음에 아란이에 대한 미움이 조금씩 자라려고 했다. 이제는 아란이가 정호하고 함께 있는 것만 봐도 기분이 상해 고개를 돌려 버리곤 했다. 그러면서도 자꾸만 아란이와 멀어지는 자신이 안타까웠다. 마음 같아서는 당장이라도 화해를 하고 싶었지만 쉽지 않았다. 그런데 생각지도 않은 화해의 기회가 찾아왔다.

다섯째 시간이었다. 무심코 필통을 열던 우진이는 깜짝 놀라 얼른 뚜껑을 닫았다. 딱지 모양으로 접힌 쪽지가 들어 있었는데 왠지 비밀 쪽지인 것 같았다.

공부 시간 내내 우진이의 마음은 온통 그 쪽지에 가 있었다. 쪽지 내용이 너무 궁금해서 선생님 말은 하나도 귀에 들어오지 않았다. 끝나는 종이 울리자 우진이는 짝꿍 몰래 살짝 쪽지를 꺼내 들고 화장실로 갔다.

'이따가 공부 끝나면 우리 집으로 올래? 아란이도 올 거야. 만약 올 거면 소라 놀이터로 와. 정호가.'

쪽지에는 달랑 이렇게만 쓰여 있었다. 왜 오라는 건지, 안 올 거면 어떻게 하라는 건지 알 수가 없었다.

　우진이는 무엇보다 정호가 쪽지를 보냈다는 게 놀라웠다. 그러나 정호네 집에 가야 할지 말아야 할지는 선뜻 판단이 서지 않았다. 우진이는 나머지 시간 내내 갈지 말지를 놓고 고민했다.

　우진이는 모처럼 청소 시간까지 남아 있었다. 한동안 아란이 일로 마음이 쓰여 암행어사 활동을 제대로 못 했기 때문이었다. 하지만 꼭 그 때문만은 아니었다. 아직 우진이는 정호네를 갈지 어떨지 결정을 못 내렸다. 그리고 설사 간다 해도 공부가 끝나자마자 헐레벌떡 가고 싶지는 않았다. 정호가 시간을 정한 건 아니었으니까.

　우진이는 천천히 교문을 나섰다. 우진이 마음이 자꾸만 갈팡질

팡했다. 뿐만 아니라 정호가 아란이를 핑계로 자기한테 다가오려는 것 같아 괘씸한 생각도 들었다. 그러나 한편으로는 이번 기회가 아니면 아란이하고 영영 화해를 못 할 것 같기도 했다. 우진이는 드디어 마음을 정한 듯 소라 놀이터 쪽으로 발길을 잡았다.

| 탐구발표 |

암행어사는 아무나 되나

손예린 정지석

주제 선정 이유 우리 반에서 암행어사에 대해 탐구 조사를 한다고 하여 인터넷을 검색을 하다가 춘향전에 관한 재미있는 기사 하나를 보았다. 춘향전에 나오는 이도령이 과거에 급제하자마자 암행어사가 되어 춘향을 구하러 가는 건 소설에서나 있을 법한 이야기라는 거다. 기사를 보니 암행어사의 자격이 궁금해졌다. 그래서 암행어사가 되려면 어떤 조건이 필요했는지 알아보기로 했다.

조사 방법 암행어사에 관한 책을 중심으로 조사하고, 조사한 내용을 정리해 만화로 꾸며 보았다. 더 보충할 내용은 따로 정리했다.

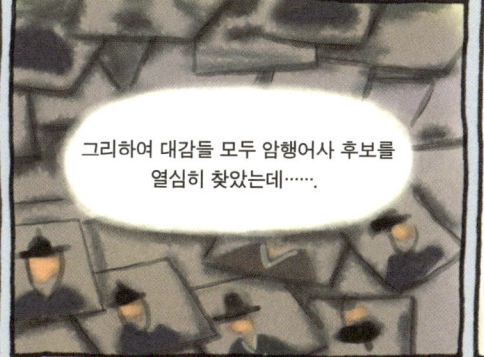

암행어사가 되기 위해 갖추어야 할 조건

문과 과거 급제자라야 한다
암행어사는 가문보다는 개인의 실력을 중요하게 생각했기 때문에 과거 시험에 합격한 사람 가운데서 뽑았다.

수령을 해 본 적이 없는 새내기는 안 된다
경험이 너무 없는 사람은 수령의 일을 잘 몰라서 실수를 할 수 있기 때문에 암행어사에 맞지 않았다.

수령 경험이 많은 이도 적당하지 않다
수령 경험이 많은 사람이 암행어사로 활동하게 되면 아는 수령이 많아 일을 공정하게 처리하기 어려웠다.

젊고 건강한 사람이 적당하다
암행어사는 임명된 뒤 오랫동안 각지를 돌아다녀야 했기 때문에 체력이 뒷받침 되어야 했다. 때론 암행을 다니다 병에 걸려 되돌아온 암행어사도 있다고 한다.

위에서 살펴본 조건들로 볼 때 암행어사는 과거에 합격한 사람 가운데 수령을 한두 번 지낸 젊고 건강한 사람이 딱 좋았다. 하지만 가끔 한두 조건이 안 맞는 사람을 뽑을 때도 있었다고 한다.

암행어사는 얼마나 높은 사람인가?

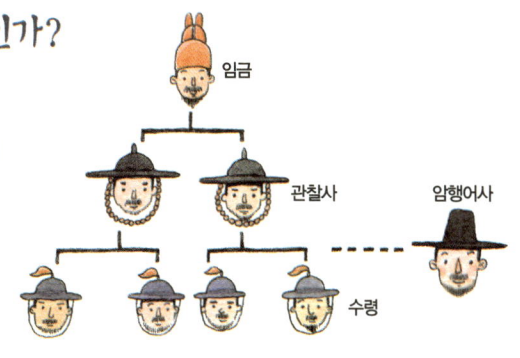

암행어사는 보통 과거 급제자 가운데서 뽑는다. 과거에 급제하면 수령과 같은 지위를 얻는데 수령은 관찰사 아래의 직급이다. 따라서 암행어사는 대개 관찰사보다는 낮고 수령과는 엇비슷한 지위라고 보면 된다. 그러나 암행어사는 수령을 감시할 뿐만 아니라 근무 성적을 매겼기 때문에 수령들은 암행어사를 두려워했다. 수령들이 관찰사나 더 높은 벼슬로 승진하려면 근무 성적이 좋아야 했기 때문이다. 또한 암행어사는 수령뿐만 아니라 때로는 자기보다 지위가 훨씬 더 높은 관찰사를 감찰하기도 하고 잘못이 드러나면 처벌도 했다.

조사를 마치고 나서

암행어사는 임금에게 특별히 임명받은 신분이었기 때문에 자신의 지위에 상관없이 막강한 권한을 가지고 있었다. 그런데 맡은 일이 특수해서인지 자격 조건이 까다로웠던 것 같다. 암행어사 후보를 고르는 대신들이 골치 아파할 만하다. 하지만 위에서 살펴본 내용은 겉에서 보이는 조건일 뿐이고 정말 중요한 건 사람 됨됨이가 아니었을까?
성품이 올곧고, 백성을 사랑하는 마음이 지극하고, 허름한 옷차림을 부끄러워하지 않고, 나보다 남을 먼저 생각하고, 잘못을 보면 그냥 지나치지 못하고, 정의를 위해 자신의 목숨도 바칠 수 있는, 그런 사람이 암행어사가 되어야 하지 않을까? 어쩌면 이런 조건을 갖추는 일이 더 어려웠을지도 모르겠다는 생각이 든다.

이게 마패야?

우진이는 학교에서 늑장을 부리던 것과는 달리 발걸음을 서둘러 놀이터로 갔다. 가기로 마음을 먹고 나니 이제껏 기다렸을 아란이가 걱정되었다. 혹시 기다리다가 가 버렸으면 어쩌나 하는 조바심이 일었다.

다행히 놀이터에서는 정호와 아란이가 우진이를 기다리고 있었다. 정호가 먼저 우진이를 보고 반가워하며 손을 흔들었다. 아란이도 많이 반가워하는 눈치였다. 그런 아란이를 보자 우진이는 마음이 놓였다.

쪽지를 보낸 건 정호 혼자 생각이었다. 아란이와 우진이가 서로 서먹서먹해지자 둘을 화해시켜 주려고 꾸민 일이라는 것이다. 아란이도 놀이터에 와서야 우진이를 만나기로 했다는 사실을 알았다고 했다. 우진이는 정호의 마음 씀씀이에 적잖이 놀랐다. 우진이는 지금까지 남의 일에 나서 본 적이 거의 없었다. 잠시나마 정호를 괘씸하게 생각했던 게 미안했다. 그리고 고마웠다.

정호에게 고마워하는 건 아란이도 마찬가지였다. 아란이는 어느새 마음이 풀어진 듯 예전의 아란이로 돌아가 있었다. 우진이가 와서 무척 기쁜 모양이었다.

정호가 앞에 서고 우진이와 아란이는 그 뒤를 따라갔다. 갑자기 정호가 뒤를 돌아보면서 물었다.

"우진아, 너 암행어사……."

정호가 말을 꺼내자 우진이는 놀라 아란이를 돌아보았다. 아란이는 아니라는 듯 고개를 저었다.

"어?"

"조사 많이 했어? 아란이랑 나랑은 같이 하기로 했는데 너도 같이 하자. 우리 셋이 하면 따로 하는 것보다 재미있을 거야."

"어차피 조사할 주제도 다른데 뭐."

"그래도 모여서 하면 더 좋잖아. 서로 도와 줄 수도 있고."

아란이가 거들었다.

"그러든지."

우진이는 정호랑 같이 하는 게 썩 내키지는 않았지만 아란이랑 화해한 기분을 망치고 싶지 않아 마지못해 대답했다.

"얘네 집에 책 되게 많아. 지난번에 가 봤는데 암행어사에 대한 것도 있더라구. 어른들 보는 거라 어려워서 그렇지."

아란이 말에 우진이는 조금 마음이 꼬였다. 우진이는 정호네 집에 책이 얼마나 많은지보다 아란이가 정호네 집에 얼마나 많이 갔는지가 더 궁금했다. 둘이 친해진 지 얼마 되지 않았는데도 우진이 눈에는 모든 게 그저 삐딱하게만 보였다.

정호네 집에 들어가니 아란이 말대로 책이 많이 있었다. 유달리 역사책이 많이 있었는데 정호네 엄마 아빠 모두 학교 다닐 때 역사를 공부했기 때문이라고 했다.

정호는 암행어사에 대한 책들을 몇 권 골라 왔다. 정호가 며칠 전부터 보던 것들인데 읽기가 좀 어렵다고 했다. 책에는 그림이라고는 하나 없이 작은 글자들만 빽빽이 들어차 있었다. 게다가 어려운 한자까지 군데군데 섞여 있어 아이들은 한 줄을 읽기도 벅찰 정도였다.

아란이는 자기가 맡은 감찰 제도에 대한 내용이 있나 해서 이 책 저 책을 뒤적였다. 아란이는 처음에 암행어사가 출도하는 내용을 조사하고 싶었지만 그 주제는 하고 싶다는 아이들이 많아 감찰 제도를 맡게 되었다.

책을 하나 집어든 아란이가 말했다.

"야, 옛날부터 감찰을 엄청 중요하게 생각했나 봐. 여기 보니까 신라 시대 때 기록이 있어."

정호는 아란이와 함께 책을 들여다보았다. 한참을 둘이 쑥덕거리면서 책을 읽었다.

"그런데 조선 시대에는 사헌부라는 감찰 기관이 있었는데 왜 또 암행어사를 보냈을까?"

"글쎄, 우리 엄마한테 여쭤 볼까?"

아란이와 정호는 책을 들고 방을 나갔다. 잠시 뒤에 정호만 들어왔다. 아란이는 정호네 엄마한테 열심히 설명을 듣고 있는 모양이었다.

우진이는 머리가 지끈지끈 아파 왔다. 아란이하고 화해고 뭐고 여기까지 괜히 따라왔다고 후회하기 시작했다. 사실 우진이는 이번 탐구 대회 준비에 그다지 마음을 쓰지 않았다. 그냥 인터넷에서 대충 찾아서 정리할 생각이었다.

'초등 학생이면 초등 학생답게 수준에 맞춰 하면 되는 거지. 뭐 그렇게 대단하게 하려고 이 요란을 떨고 야단이야. 머리 아프게.'

우진이는 이런 생각을 하며 여기저기 방 안을 둘러보았다. 그러다가 정호 책상 위쪽 벽에 걸린 물건에 눈길이 딱 멈추었다.

마패였다.

우진이는 벌떡 일어나 가까이 가서 마패를 들여다보았다.

"정호야, 이거 진짜야?"

"뭔데? 아, 그거? 아니 가짜."

우진이는 실망한 듯이 마패에서 눈길을 떼었다.

"그래도 그거 진짜랑 똑같이 만든 거래. 아빠가 기념품 가게에서 사 주신 건데 크기랑 모양도 거의 비슷하다고 했어."

그 말을 듣자 우진이는 다시 호기심이 일었다.

"이거 만져 봐도 돼?"

정호가 고개를 끄덕이자 우진이는 벽에 걸렸던 마패를 내렸다.

생각보다 묵직했다. 앞에는 말이 세 마리 그려져 있고 뒤에는 한자가 쓰여 있었다. 우진이는 살며시 목에 걸어 보았다.

"그거 목에 거는 거 아니야. 허리춤에 차고 다닌 거지."

"나도 그 정도쯤은 알아. 그냥 걸어 본 거야."

우진이는 얼른 마패를 벗어 벽에 다시 걸어 놓았다. 잠깐이었지만 마패를 목에 거는 순간 가슴이 막 뛰는 것을 느꼈다. 우진이는 아쉬운 듯 입맛을 다셨다.

그런 우진이의 마음을 알아챈 듯 정호가 말했다.

"우리 진짜 마패 보러 갈래?"

"진짜 마패?"

아란이가 들어오면서 물었다.

"응. 진짜 마패."

"마패가 어디 있는데?"

"경복궁 옆에 국립고궁박물관이라고 있거든. 거기에 진짜 마패가 있어. 난 이번 주에 마패 조사하러 갈건데, 같이 안 갈래?"

우진이와 아란이는 서로 마주보았다. 우진이도 이번만큼은 입맛이 당기는지 아란이에게 고개를 끄덕여 보였다.

| 탐구발표 |

감찰 제도에 대해 알아보기

송아란

주제 선정 이유

암행어사 제도는 하루 아침에 생긴 것이 아니라 오랜 감찰 제도의 전통을 이어받아 만들어진 제도라고 한다. 그렇다면 암행어사 제도 말고 다른 감찰 제도에는 어떤 것들이 있었는지 궁금했다. 그래서 감찰 제도란 무엇이고, 어떤 것들이 있었는지 조사해 보기로 했다.

조사 방법

먼저 백과사전에서 감찰에 대해 알아보고 각 시대에 따른 감찰 제도를 조사했다. 시대에 따른 감찰 제도의 역사를 다룬 책도 찾아보았는데 내용이 어려워서 어른들의 도움을 받았다.

◉ 감찰이란 무엇인가?

감찰이란 감시하고 감독한다는 뜻으로, 나랏일을 하는 관리들이 맡은 일을 제대로 하는지, 나쁜 짓을 저지르는 건 아닌지 살펴보는 일을 말한다. 역사에서 보면 감찰이 관직 이름으로도 쓰였는데, 고려 시대에는 감찰어사, 조선 시대에는 감찰이라는 관직이 있었다.

◉ 감찰은 왜 중요한가?

나라가 건강하려면 다스리는 사람의 마음이 깨끗해야 한다. 나랏일을 하는 관리들이 자기만 생각하고 자기 욕심만 차린다면 그 나라는 곧 망하고 말 것이다. 그래서 관리를 감시하고 나쁜 관리를 찾아내는 감찰을 중요하게 생각했다.

◉ 시대에 따른 감찰 제도 알아보기

삼국시대

기록에 보면 삼국 가운데 신라 시대에만 사정부라는 감찰 기관이 있었다. 사정부는 태종 무열왕 6년(659)에 설치하였는데, 23명의 관리를 두었다고 한다.

고려시대

고려 초기에 사헌대라는 기구가 있었는데, 뒤에 어사대로 이름을 바꾸었다. 충렬왕 24년(1298)부터는 사헌부라고 했다. 사헌부 관리 가운데 여러 가지 감찰 일을 맡아 본 관리를 감찰어사라 했다.

조선시대

고려 시대의 제도를 이어받아 사헌부를 두었다. 이 안에 '감찰'이라는 자리를 두어 일반 관리의 잘못을 찾아냈다. 지방에서는 각 도를 다스리는 관찰사가 자기가 맡은 도에 있는 고을 수령을 감찰했다. 또한 조정에서는 임시 감찰 관리를 임명해 보내기도 했는데, 이러한 제도들이 밑바탕이 되어 암행어사 제도가 만들어졌다.

대한민국

감사원 전경

① 대표적인 감찰 기관으로 조상의 전통을 이어받은 감사원이 있다. 감사원은 대통령 소속 기관이지만 대통령뿐만 아니라 어느 누구에게도 간섭받지 않도록 독립되어 있다. 하지만 국민의 대표 기관인 국회와 언론으로부터는 감시와 견제를 받는다.

감사원이 하는 일은 첫째, 나라 살림이 미리 정해진 수입이나 지출에 따라 계획대로 잘 이루어졌는지 살펴본다. 둘째, 정부 기관 등에서 돈과 물품을 제대로 썼는지 검사한다. 셋째, 나랏일을 하는 공무원이 맡은 일을 바르게 잘 하고 있는지 살펴본다.

감사원 원훈

감사원 정원에 있는 파사현정상
파사현정은 잘못된 것은 깨뜨리고 바른 것을 드러낸다는 뜻이다.

 감사원 홈페이지 어린이 마당 http://kids.bai.go.kr

② 그 밖에도 나라를 깨끗이 하기 위해 정책을 만들고 부패를 감시·신고하도록 하는 국가청렴위원회, 행정 기관으로부터 억울한 일을 당했을 때 이를 해결해 주는 국민고충처리위원회 등의 국가 기관이 있다. 뿐만 아니라 각 기관들이 감시 제도나 고발 창구를 만들어 운영하고 있다. 또한 여러 분야에서 시민 단체가 사회 곳곳을 감시하고 문제를 해결하기 위해 활동한다.

이것이 궁금하다?

왜 조선 시대에는 감찰에 더 힘을 쏟았을까?

조선 왕조는 나라를 세우면서 왕도정치를 나라를 다스리는 기본 정신으로 삼았다. 왕도정치는 인과 덕으로써 나라를 다스리는 것인데, 왕도정치를 펴려면 백성의 형편을 잘 살펴서 억울하거나 고통 받는 백성이 없도록 해야 했다. 또 임금이 수령을 직접 뽑았으므로 수령을 감찰하는 일을 소홀히 할 수 없었다. 특히 백성이 잘 사느냐 못 사느냐가 수령의 손에 달려 있었기 때문에 조선 시대에는 감찰에 대한 고민을 많이 했다. 그 결과 암행어사 제도도 생겨났다.

조사를 마치고 나서

감찰 제도의 발달을 조사하다 보니 감찰은 중요하기도 하지만 무척 어려운 일인 것 같다. 오죽하면 지키는 사람 열이 도둑 하나를 못 당한다는 속담이 있겠는가? 그런 점에서 암행어사 제도는 관리들을 더욱 깨끗하고 올바르게 만드는 감찰 제도의 꽃이라 할 수 있다.

지금은 조선 시대와 같은 암행어사 제도가 없다는 게 참 아쉬웠다. 물론 감사원이 있긴 하지만 복잡한 사회 곳곳을 모두 살피기는 어려울 것 같다. 그렇다면 일반 시민들이 암행어사와 같은 일을 하면 되지 않을까? 앞으로 더 깨끗하고 좋은 세상을 만들기 위해서는 시민들이 사회에 관심을 갖고 참여하는 마음이 필요할 것 같다.

새로운 의문이 생기다

마패를 보러 가기로 한 일요일이다. 우진이는 아침 일찍 일어났다. 사실 우진이는 일요일이면 늘 일찍 일어난다. 학교 갈 때는 엄마가 깨워도 못 일어나고 헤매는데 모처럼 늦잠을 자도 되는 일요일에는 신기하게도 아침 일찍 눈이 떠졌다.

준비를 마친 우진이는 아란이와 함께 정호를 만나러 갔다. 마패를 보러 가고 싶긴 했지만 정호를 다시 만나는 게 그리 달갑지만은 않았다. 더구나 정호네 집에 다녀온 뒤로도 학교에서 정호를 아는 체하지 않은 것이 우진이는 자꾸만 마음에 걸렸다.

따지고 보면 정호는 그리 나쁜 애가 아니었다. 솔직히 말하면 멋진 구석도 있었다. 그건 우진이도 인정하는 바였다. 하지만 정호랑 어울리다가는 애들한테 무슨 소리를 들을지 몰랐다. 우진이는 아란이처럼 그런 일을 이겨 낼 자신이 없었다.

소라 놀이터에는 정호가 벌써 와 있었다. 아침 햇살 속에 환하게 웃고 있는 정호를 보자 우진이는 괜히 더 미안한 마음이 들었다. 셋은 마치 모험이라도 떠나는 양 들뜬 기분으로 길을 나섰다.

버스를 타고 가다가 지하철로 갈아탄 우진이와 아란이와 정호는 경복궁 역에서 내렸다. 역에서 나오니 바로 국립고궁박물관 건물이 보였다. 박물관 옆으로 길게 뻗은 담장을 따라가니 기와지붕이 날아갈 듯 얹혀 있는 문이 보였다. 경복궁으로 들어가는 흥례문이다. 셋은 박물관을 둘러보고 나서 경복궁에도 들어가 보기로 했다.

일요일이라 그런지 박물관에는 사람들이 많았다. 안내에 따라 제왕기록실로 들어갔다. 전시실에 들어서자마자 엄청나게 큰 순종 임금 탄생 축하잔치 그림과 조선왕실계보가 보였다.

우진이는 마패가 빨리 보고 싶어 임금의 도장이나 초상 따위는 보는 둥 마는 둥 하고 마패를 찾아 두리번거렸다. 전시실 모퉁이를 두 번 돌아가자 오른쪽으로 마패가 있는 유리전시관이 나왔다. 우진이는 얼른 다가가 들여다보았다. 그 순간 우진이는 크게 실망하고 말았다. 거기에는 다 닳아빠진 거무죽죽한 쇳덩어리가 놓여 있었다.

'이게 마패라니…….'

우진이는 뒤따라온 정호에게 짜증을 냈다.

"이게 뭐냐? 별로 멋있지도 않네 뭐."

아란이는 우진이와 정호가 있는 곳으로 오지도 않고 뭔가를 보느라 정신이 없었다. 경복궁 근정전에 있는 어좌를 축소한 모형이었다. 금빛 용이 조각된 붉은 의자는 임금의 자리에 걸맞게 화려하고 위엄이 있어 보였다. 아란이가 어좌 안으로 고개까지 들이밀고 구석구석 보고 있는데 우진이가 부르는 소리가 들렸다. 아란이는 좀 더 보고 싶었지만 할 수 없이 우진이가 있는 곳으로 갔다.

"마패 찾은 거야? 야, 이거 정말 멋지다. 어디 이건 말이 하나, 둘, 셋, 세 마리네."

"멋있기는 뭐가 멋있냐. 이런 걸 보자고 아침부터 서둘러 왔다니 시간이 아깝다."

우진이가 하도 투덜거리는 바람에 아란이와 정호는 나머지 전시관을 제대로 둘러보지 못하고 나와야 했다.

"생각보다 별로인가 보구나. 난 전에 봤을 때 참 좋았는데······."

정호는 미안한 마음에 말꼬리를 흐렸다. 옆에서 보다 못한 아란이가 우진이에게 쏘아붙였다.

"정호 너 미안해할 거 없어. 야, 강우진. 그러는 거 아니야. 정호를 생각해서라도 그렇게 말하면 안 되지. 그리고 같이 오겠다고 한 건 너야. 억지로 끌고 온 게 아니라고."

그건 아란이 말이 맞았다. 정호가 먼저 오자고는 했지만 같이 오기로 한 건 우진이 자신의 선택이었다.

"아, 알았어. 그만들 해. 목마른데 어디 물 마실 데 없나?"

우진이가 두리번거리자 정호가 가방에서 마실 것을 꺼냈다. 우진이는 좀 미안한 생각이 들었다.

"마패가 보기에는 저래 봬도 정말 대단한 거야. 암행어사에게는 목숨과도 같은 거니까. 아무리 못된 사또라도 암행어사가 마패만 떡 보여 주면 벌벌 떨었다잖아. 조선 시대에 어떤 암행어사가 사또를 벌하려고 하는데 그 사또가 암행어사에게 칼을 뽑아 들고는 큰소리를 치더래. 그래서 암행어사가 마패를 풀어 사또 앞에 툭 던지고는 '이걸 보고 날 죽이든지 살리든지 해라.'고 했대. 그랬더니 사또가 바로 도망쳤다는 거야. 대단하지 않냐?"

정호의 이야기를 듣던 아란이가 고개를 갸우뚱하며 말했다.

"그런데 마패에 왜 말 그림이 있을까?"

우진이는 어이가 없어서 말이 안 나올 지경이었다.

"그거야 말이 있으니까 마패지. 말 마(馬)."

"그게 아니고 마패 하면 암행어사잖아. 암행어사를 증명하는 게 마패고. 그런데 왜 하필 말 그림이냐고. 다른 동물들도 많은데."

아란이 말을 듣고 보니 우진이도 갑자기 그 사실이 궁금해졌다. 왜 하필 말이었을까? 암행어사의 위엄을 나타내려면 호랑이도 있고 용이나 독수리 같은 것들도 있을 텐데.

"혹시 이런 거 아닐까? 암행어사는 여기저기 많이 다니잖아. 그러니 말처럼 열심히 잘 뛰어다니라는 뜻으로 말이야."

곰곰이 생각하던 우진이가 말했다.

"글쎄, 그것도 그럴 듯한데."

옆에서 잠자코 우진이와 아란이의 이야기를 들으며 빙그레 웃던 정호가 말했다.

"내가 조사해 보니까 마패는 말을 빌리기 위한 증명서 같은 거래. 그래서 말 그림이 있는 거지. 말 빌리는 곳 이름이 뭐였더라?"

"아, 그렇구나."

우진이와 아란이는 마주보며 고개를 끄덕였다.

정호는 또 암행어사만이 아니라 지방으로 출장 가는 관리나 급한 소식을 전하는 사람에게도 말을 빌릴 수 있도록 마패를 주었다는 이야기도 해 주었다. 그러니까 마패는 암행어사뿐만 아니라 먼 길을 가는 관리들에게 일종의 차비 구실을 했다는 것이다.

"오, 대단해요."

아란이가 감탄을 했다.

"그런데 좀 이상해. 암행어사는 몰래 다녀야 하잖아. 그렇게 말을 빌리면서 다니면 금방 들통나지 않을까? 옷차림도 거지 같은데 마패까지 보이면서 말을 빌리면 암행어사라는 걸 단박에 알아채지 않겠어?"

갑자기 아란이가 고개를 갸우뚱하며 물었다.

정호도 이 질문에는 마땅히 대답할 수 없었는지 잠자코 있었다.

다시 아란이가 말을 꺼냈다.

"혹시 말을 안 빌린 거 아닐까? 텔레비전에서도 보니까 말은 별로 타지 않고 걸어다닌 거 같더라고."

"뭐야 그럼, 암행어사만 마패를 가진 것도 아니고 말을 빌리는 데 쓰지도 않았다면, 왜 우리는 암행어사 하면 마패를 떠올리는 거지?"

우진이가 눈을 가늘게 뜨면서 마치 탐정 같은 말투로 말했다.

"아까 어떤 아주머니도 마패를 보더니 애한테 그랬어. 이건 말을 빌릴 때 쓰는 건데 암행어사 마패라고 말이야."

정호의 말에 우진이는 사람들이 지나가면서 암행어사 마패야, 하고 말하던 광경을 떠올렸다.

셋은 잠시 생각에 잠겼다.

"아무리 생각해도 모르겠다. 그건 집에 가서 알아보기로 하고 우리 다시 들어가자. 여기까지 왔는데 다 보고 가야지. 안 그래?"

우진이의 제안에 아란이와 정호는 어리둥절하여 얼굴을 마주보았다. 조금 전까지만 해도 투덜거리느라 제대로 보지도 않던 우진이가 한 말이라고 믿어지지 않았기 때문이었다.

셋은 다시 전시실로 들어갔다. 마패 생각에 그냥 지나쳤던 유물들을 꼼꼼히 살펴보았다. 해시계, 측우기, 저울, 천문도 같이 우리 나라 과학 기술의 수준을 보여 주는 유물을 보니 감탄이 절로 나왔다. 옛날이라고 하면 과학하고는 동떨어진 생활인 줄 알았는데 그게 아니었다.

임금과 왕비를 비롯한 왕실 가족이 입고 쓰던 옷과 장신구들은 화려하고 섬세한 아름다움으로 사람들의 눈길을 잡았다. 은을 입힌 쇠몽둥이나 잘 벼린 칼 같은 무기도 흥미로운 볼거리였다. 실제로 그런 무기들을 썼을까 하고 상상하니 왠지 오싹한 기분이 들기도 했다.

집으로 돌아오는 길에 우진이와 아란이와 정호는 갈 때보다 오히려 마음이 더 들떠 있었다. 무사히 박물관을 다녀온 것도, 스스로 뭔가를 알아냈다는 기쁨도 컸다. 그러나 무엇보다 가장 큰 기쁨은 새로운 의문이 생겼다는 것이다. 알고 싶은 것이 생긴다는 건 무척 신나는 경험이다.

어느새 우진이도 한 발짝씩 암행어사에게 빠져가고 있었.

마패를 보고 온 다음 날 우진이와 아란이와 정호는 다시 모였다. 마패가 왜 암행어사를 나타내는 물건이 되었는지에 대해 알아보기 위해서였다. 먼저 정호네 집에 있는 책을 찾아보고 안 되면 정호네 엄마한테 물어보기로 했다.

이 책 저 책을 뒤적이다 보니 이런 내용이 있었다.

암행어사는 마패를 말을 빌릴 때만 쓴 것이 아니다. 오히려 말을 빌리는 데는 마패를 쓰지 않았을 가능성이 크다. 자칫 신분이 드러날 수가 있기 때문이다. 아마 암행어사는 말을 빌려 타고 다니기보다는 걸어다녔을 것이다. 또한 그러는 것이 백성들의 형편을 살피기에도 좋았을 것이다. 그렇다면 암행어사는 어떨 때 마패를 썼을까?

암행어사는 출도를 하거나 자신의 신분을 증명할 필요가 있을 때 마패를 보여 주었다. 다른 관리들과는 달리 암행어사의 마패는 신분증이나 다름없었다. 또 출도하여 감찰을 한 뒤 봉고를 할 필요가 있을 때 마패를 썼다.

"이거 아닐까? 다른 관리들은 마패를 말을 빌릴 때만 썼는데 암행어사는 신분증으로 쓴 거야. 그래서 암행어사 하면 마패를 떠올리게 된 거지."

정호가 말했다.

"그래. 정호 말이 맞는 것 같아. 여기도 좀 봐. 암행어사는 마패로 말을 빌리는 대신 출도할 때 역졸을 불렀대."

아란이가 책을 읽어 가며 말했다.

"역졸은 또 뭐냐? 포졸은 들어 봤어도 역졸은 처음 듣네."

우진이가 갈수록 태산이라는 듯한 말투로 물었다.

"여기 있네. 책 좀 보고 물어봐라. 조선 시대에 지방으로 가는 관리들이 말을 갈아탈 수 있게 만들어 둔 곳이 역인데, 역에 있는 심부름꾼이 역졸이고 말은 역마라고 써 있잖아."

아란이가 그 특유의 똑 부러지는 말투로 대답하자 약이 오른 우진이가 바로 되물었다.

"그럼, 봉고는 뭐냐? 그건 너도 모르지?"

뜻하지 않은 우진이의 공격에 아란이도 마땅한 대답을 찾지 못하고 어물거렸다. 그러자 우진이와 아란이가 티격태격하는 모습이 재미있다는 듯 옆에서 지켜보던 정호가 말을 받았다.

"그건 우리 엄마한테 여쭤 보자."

아이들은 정호네 엄마한테 지금까지 알아낸 것들을 말하고 잘 모르는 것들에 대해 물어보았다. 정호네 엄마는 무척 대견해하며 친절하게 설명해 주었다.

'봉고'란 창고 문을 닫는다는 말로, 암행어사는 잘못을 저지른 수령을 찾아내면 그 수령이 관리하던 관가의 창고 문을 닫아 잠글 수 있다고 했다. 그냥 문을 닫기만 하는 것이 아니라 봉고라고 쓴 종이에 마패로 도장을 찍어 문에 붙였다고 한다. 그러면 아무도 암행어사의 허락 없이는 창고의 문을 열 수가 없었다는 거다. 그야말로 수령을 꼼짝 못하게 하는 방법이었다.

우진이는 커다란 종이에 봉고라고 쓰고 마패로 쾅! 찍는 모습을 상상해 보았다. 암행어사 앞에서 벌벌 떨며 엎드려 있는 수령의 모습……. 생각만 해도 통쾌한 장면이었다.

"애들아, 너희들 암행어사가 마패 말고 또 뭘 가지고 다녔는지 아니?"

"음……. 등에 보따리 같은 걸 지고 다니는 것 같던데요?"

아이들은 서로 마주보며 어깨를 으쓱했다.

"잘 모르는 모양이구나. 암행어사로 임명되는 관리에게 임금님은 봉서하고 마패와 유척을 주면서 잘 다녀오라고 당부를 했어."

"아, 봉서는 알아요. 이번에 선생님이 탐구 주제 알려 주실 때 봉서를 주셨거든요."

"그럼 잘 알겠구나."

"그런데 유척은 뭐예요?"

"유척은 말 그대로 놋쇠로 된 자야. 누런 쇠 같은 것 있잖아."

아이들은 뭔가 생각난 듯 '아 그거!' 하며 서로를 보았다. 어제 박물관에서 본 것 같아서였다. 마패를 보고 나서 다른 방에 갔을 때 쇠로 된 자가 전시되어 있었다. 자세히 읽어 보지는 않았지만 길이가 다른 자가 여러 개 있던 생각이 났다.

"그런데 자를 왜 가지고 다녔어요?"

"유척도 아주 중요한 쓰임새가 있었지. 살인 사건이나 여러 가지 이유로 죽은 사람을 검사할 때 이 유척을 썼어. 또 죄인을 벌할 때 쓰는 도구들이 정해진 기준에 맞는지도 살폈지. 옛날에는 죄인을 다룰 때 매를 썼거든."

"알아요. 텔레비전에서 봤어요. 십자가 같은 나무판에 사람을 엎드리게 하고 엉덩이를 때리던 거요. '저놈을 매우 쳐라.' 하면서 말이에요. 정말 끔찍해."

"그래서 법전에는 이런 매질하는 도구의 크기를 정해 놓았어. 그래야만 수령이 마음대로 하는 것을 막을 수 있었으니까. 또 유척으로 도량형도 살폈지."

"도량형이 뭐예요?"

아이들이 합창하듯 물었다.

"도량형이란 길이와 부피와 무게를 말하는데 이런 것들을 재는 단위나 도구를 가리키기도 해. 보통은 도구를 말하지. 그러니까 암행어사는 유척으로 관가에 있는 자나 되나 저울 같은 도량형의 크기가 규격에 맞는지 재어 본 거야. 옛날에는 세금을 돈보다는 옷감이나 곡식 따위 물건으로 냈기 때문에 도량형이 정확해야 세금을 올바르게 걷을 수 있었어. 그런데 만약 욕심 많은 수령이나 아전들이 도량형의 눈금이나 크기를 속여 정해진 양보다 더 많은 세금을 거두면 어떻게 됐을까? 가뜩이나 어려운 살림에 백성들은 더욱 살기 힘들었을 거야. 그래서 암행어사는 이런 것들을 잘 살피기 위해 유척을 꼭 가지고 다녀야 했던 거야."

아이들은 내친김에 암행어사에 대해 이것저것 더 물어보았다. 암행어사가 되려면 어떤 자격이 필요한지, 암행어사가 얼마나 높은 사람인지 알고 싶은 게 많았다.

정호네 엄마는 아이들이 우리 역사에 관심을 갖고 물어보는 걸 기특하게 생각했다. 그러나 정호네 엄마를 더 기쁘게 한 건 정호가 친구들을 집에 데리고 와서 함께 웃고 떠드는 모습이었다.

다정하게 대해 주는 정호네 엄마를 보자 우진이는 속으로 찔리는 느낌이었다. 그러면서도 한편으로는 마음이 뿌듯했다. 자기가 뭔가 대단한 일을 하고 있는 것 같았다.

| 탐구발표 |

암행어사는 무엇을 가지고 다녔을까?

최정호

주제 선정 이유

암행어사 하면 얼른 떠오르는 것이 있다. 바로 마패다. 마찬가지로 마패 하면 암행어사를 생각하게 된다. 그럼 암행어사는 마패만 가지고 다녔을까? 중요한 임무를 맡고 다니는데 달랑 마패 하나만 가지고 다녔을 것 같지는 않다. 먼 길을 다니려면 여러 가지로 필요한 것들이 많았을 것이다. 그래서 마패와 함께 암행어사가 가지고 다닌 물건들을 조사해 보기로 했다.

조사 방법

1. 책과 인터넷에서 암행어사가 가지고 다닌 물건을 조사한다.
2. 유물 전시관에서 실제 유물을 찾아본다.
3. 위에서 조사한 물건의 쓰임을 알아본다.

가는 곳 : 국립고궁박물관
목표 : 1. 마패와 유척의 실물을 본다
       2. 마패와 유척의 쓰임에 대해 알아본다
준비물 : 수첩, 필기도구, 사진기
조사 내용 : 마패, 유척

마패

- ### 마패의 생김새

  마패는 지름이 10~11㎝ 정도인 둥근 모양으로 되어 있다. 윗부분은 불룩 튀어나오고 구멍이 있어서 끈으로 묶어 허리에 찰 수 있다. 마패의 한쪽 면에는 말이 그려져 있고, 다른 쪽에는 마패를 만든 날짜와 연호*가 쓰여 있다. 마패는 처음에는 나무로 만들어 썼는데, 나무로 만들면 너무 쉽게 닳거나 부서졌기 때문에 세종 임금 때부터 철로 만들기 시작했다.

  * 연호 : 임금이 왕으로 있는 동안 붙이는 해 이름.

1마패

1마패 뒷면

- ### 마패의 쓰임새

  마패는 역마를 쓸 수 있는 증명서다. 마패를 보여 주면 거기에 그려져 있는 말의 수만큼 말을 빌려 쓸 수 있다. 마패는 임금의 허락을 받아야만 관리들에게 내어 주었는데, 쓰고 나면 반드시 도로 반납해야 했다. 나라에서는 마패를 만들거나 없애는 것, 관리에게 내어 주고 되돌려 받는 것 등을 엄격하게 다루었다. 마패는 말이 그려진 수에 따라 1마패에서 10마패까지 있는데 암행어사에게는 주로 2마패나 3마패를 주었다.

- ### 암행어사와 마패

  암행어사는 마패를 자신의 신분증과 도장으로 쓰기도 했다. 역졸을 모으거나 자신의 신분을 나타낼 필요가 있을 때 마패를 보였다. 그리고 수령의 잘못을 찾아내 봉고할 때는 마패가 찍힌 종이를 창고 문에 붙였다. 또 문서 같은 데에도 마패를 찍었다. 이와 같이 마패는 암행어사에게 있어 쓰임이 특별한 물건이었다.

3마패

5마패

유척

● 암행어사와 유척

암행어사는 임금으로부터 마패와 유척을 받는다. 마패와 마찬가지로 임무를 마치고 돌아오면 나라에 도로 반납해야 했다. 암행어사는 길이가 다른 유척 두 개를 가지고 다녔는데, 출도하게 되면 유척으로 여러 가지를 점검했다.

먼저 관가에 있는 형구의 크기를 검사한다. 형구의 크기는 법으로 정해 놓았기 때문에 그 규격에 맞는지 검사해야 한다. 또 곡식을 되는 저울이나 그릇의 크기가 정확한지 검사하는 데에도 유척을 썼다. 관가의 저울이나 그릇은 백성들에게 세금을 걷는데 쓰는 도구이므로 정확하지 않으면 그 피해가 백성들에게 돌아가게 된다. 따라서 이러한 것들을 검사하는 일은 아주 중요했다.

유척은 조선 시대에 길이를 재는 표준 자로, 놋쇠로 되어 있다. 유척은 눈금이 세밀하고 고르게 그어져 있어 지금의 공업 규격에도 맞는 훌륭한 도구라고 한다.

이 밖에도 암행어사는 시체를 검사할 때 유척을 썼다. 암행어사는 감찰을 맡은 고을에서 사람이 죽으면 그 죽은 원인을 밝혀야 했다. 그러기 위해 먼저 시체를 검사했는데 시체에 난 상처나 병으로 인한 흔적의 크기를 유척으로 재어 기록했다.

암행어사의 짐꾸러미에는 무엇이 들어 있을까?

암행어사는 서울을 떠나기 전에 호조*에서 여러 가지 물품을 받게 된다. 떠날 채비를 마치면 짐꾸러미를 말에 싣고 수행하는 하인들과 함께 길을 떠난다.

* 호조 : 토지, 식량, 세금 등 경제에 관련된 일을 맡아 보던 관청.

 조사를 마치고 나서

이번 조사를 통해 유척도 암행어사에게 마패 못지않게 중요한 필수품이라는 사실을 알았다. 또 마패가 왜 암행어사의 상징이 되었나 하는 점도 알게 되었다. 그 밖에도 암행어사가 가지고 다닌 물건들을 조사해 보니 암행어사에게 왜 거지어사라는 별명이 붙게 되었는지 이해되었다. 변변치 않은 여비로 오랜 기간을 다니다 보면 그럴 수밖에 없었을 것 같다. 하지만 비록 차림새는 허름해도 마패와 유척을 가진 암행어사는 진주를 품은 조개라는 생각이 든다. 마패를 번쩍 들고 출도하는 날은 숨은 진주가 빛을 발하는 날이었을 거다. 백성들에게 빛을 주는 그 순간을 위해 암행어사는 거지꼴도 마다하지 않고 다닌 것이 아닐까?
왠지 가슴이 뭉클해지는 느낌이 든다.

우진이의 고민

우진이는 이제 정호가 조금씩 좋아지기 시작했다. 하지만 학교에서는 아직 아니었다. 학교에서 우진이는 여전히 정호와 모르는 사이로 지냈다. 행여 정호가 아는 척이라도 해 올까 봐 마음을 졸이기까지 했다. 정호네 집에 갔다가 집으로 돌아올 때면 우진이는 늘 마음이 무거웠다. '내일은 꼭 정호에게 아는 체해야지.' 하고 마음을 먹지만 용기가 나지 않아 아예 정호가 앉은 쪽을 한 번도 보지 않고 보낼 때도 있었다.

우진이는 왜 아이들이 정호더러 마마보이라고 하는지 궁금했다. 점심 시간에 우진이는 철규에게 슬쩍 지나가는 말로 조심스레 물었다. 철규는 지난해에 정호와 같은 반이었다.

"작년에 쟤가 우리 반이었잖아."

"그건 알아. 그런데?"

"하루는 학교에 MP3재생기를 가지고 왔다가 잃어버린 거야. 그런데 언제 일렀는지 쟤네 엄마가 와서 학교를 홀랑 뒤집어 놨지 뭐야. 학교에 그딴 거 가져온 게 잘못이지. 누가 잃어버리래? 그리고 그런 걸 꼭 엄마한테 일러야 하냐? 치사하게. 덕분에 우리 반 애들 담임 선생님한테 붙잡혀서 한 시간이나 집에도 못 가고 눈감고 가방 검사받았다는 거 아냐. 난리도 아니었다고. 그 뒤로 애들이 쟤랑 안 놀아. 쟤네 엄마한테 걸리면 죽는다고."

"겨우 그거야?"

우진이는 피식 웃음이 나왔다. 우진이는 정호네 엄마를 떠올려 보았다. 자기나 아란이한테 친절하게 대하는 걸로 봐서는 학교에 와서 그럴 분이 아닌 것 같았다.

"겨우라니, 애들이 학원에 가야 된다고 얼마나 발을 동동 굴렀는데. 그리고 기분도 엄청 나빴어. 우리가 뭐 도둑이냐?"

철규는 그때 기분이 되살아나는지 목소리를 높였다.

"게다가 하는 짓도 재수 없지 않냐? 맨날 책이나 끼고 앉아서 선생님이 뭐 물어보면 혼자 다 아는 척하고."

공부 시간에 선생님이 정호에게 물어서 몇 번 대답했을 뿐인데도 철규는 부풀려서 생각하고 있었다.

"그거야 뭐 자기가 아는 거니깐 그렇겠지."

말은 그렇게 했지만 우진이 목소리에 힘이 없었다. 정호를 변호한댔자 그런 말이 철규에게 먹혀 들어가지도 않을 것 같았다.

"아무튼 재수 없어."

철규는 이 한 마디로 이야기를 마무리 지었다. 우진이는 정호를 위해 말 한 마디 못 하는 자신이 비겁하게 느껴졌다. 그런데 그런 우진이를 더욱 움츠러들게 만든 사건이 일어났다.

5교시 체육 시간이었다. 포크댄스를 하는데 여자 남자 수가 안 맞아 여자는 여자끼리, 남자는 남자끼리 짝을 하기로 했다. 선생님이 아무나 자기가 하고 싶은 사람과 짝을 하라고 해서 아이들은 저마다 친한 친구와 짝을 지었다.

그러다 보니 정호만 혼자 남게 되었다. 아니 혼자 남은 것은 아니었다. 짝을 못 찾은 다른 아이도 있었는데 그 아이가 정호와 짝을 하기 싫다며 안 하겠다고 했다. 선생님 얼굴에 언짢은 빛이 잠시 비쳤다. 선생님은 다른 아이들을 둘러보면서 짝을 바꿔 줄 사람이 있는지 물었다.

'야, 강우진. 네가 나가. 정호 혼자 서 있잖아.'

우진이의 마음에서 누군가가 말했다. 아란이가 눈짓을 했지만 우진이는 망설이기만 할 뿐 선뜻 나서지 못했다.

"제가 바꿀게요."

반에서 가장 착하고 성격 좋은 봉기였다. 우진이는 다행이라고 생각하면서도 그만한 용기도 없는 자신을 한심하다고 느꼈다. 체육 시간이 끝나고 교실로 들어오는 길에 아란이가 슬쩍 눈을 흘기며 작은 소리로 말했다.

"야, 무슨 암행어사가 그러냐?"

그러고는 획 돌아서 가 버리는 아란이를 보면서 우진이 마음은 더욱더 쪼그라들었다. 남은 시간을 어떻게 지냈는지 모른 채 우진이는 공부가 끝나자마자 집으로 돌아왔다.

그날 저녁 일찍부터 우진이는 자기 방에 틀어 박혀 있었다. 이런 저런 생각에 마음이 복잡했다. 인상까지 찌푸리며 내뱉은 철규의 마지막 말이 아직도 귓가에 울리는 듯했다. 아란이가 한 말도 마음에 걸렸다.

'괜히 아란이한테 암행어사라고 말해 가지고······.'

우진이는 아무 데나 암행어사를 끌어다 붙이는 아란이가 얄미운 생각도 들었지만 사실 그건 맞는 말이었다. 원래 암행어사는 어려운 사람을 도와 주는 사람이다. 우진이는 이번에 탐구 조사를 하면서 암행어사가 생각보다 더 멋진 사람이란 걸 알게 되었다.

낮에 본 싸늘한 철규의 눈빛과 정호의 쓸쓸한 얼굴이 겹쳐지면서 우진이를 괴롭혔다. 어떻게든 정호를 돕고 싶었다.

'왜? 암행어사니까? 아니 의무감 때문만은 아니야. 암행어사가 아니라도 그런 일을 모른 척하는 건 옳지 않아.'

우진이는 지나간 일 때문에 지금까지 힘들게 지내야 하는 정호가 안쓰러웠다. 머릿속은 꼬리를 물고 일어나는 생각들로 뒤죽박죽이 되어갔다.

'그런데 어떻게 돕지? 그 일이 일어난 뒤에 정호나 정호네 엄마가 아이들에게 사과를 했더라면 괜찮았을까?'

우진에게 퍼뜩 그런 생각이 떠올랐다. 우진이는 잘못을 저질러 놓고 사과하지 않는 인간들이 가장 싫었다. 그냥 잘못을 솔직히 인정하고 사과하면 간단할 일을 이 핑계, 저 핑계 둘러대는 걸 보면 한심했다.

특히 어른들. 어른들은 아이들이 잘못하면 마구 야단을 치고 반성문을 써라, 어쩌라 하면서도 자기들이 잘못하면 얼렁뚱땅 그냥 넘어가기 일쑤였다.

'그렇다고 이제 와서 정호가 사과를? 사과한다고 해결될까? 어쩌면 철규가 오해한 것일 수도 있어. 그럼 선생님께 말해 볼까? 오늘 일로 선생님도 어느 정도 짐작을 하실지도 모르는데…….'

하지만 섣불리 선생님한테 말했다가는 정호만 더 괴로워질 게 뻔했다. 그렇다고 아이들 스스로 깨닫고 정호를 괴롭히는 일을 그만두기를 기대할 수도 없다. 아마 절대로 그런 일은 없을 거다. 특히 철규처럼 정호랑 한 반이던 아이들은 적어도 정호를 싫어할 만한 까닭이 있다고 생각하니까. 우진이는 앞으로 더 심해지지만 않으면 다행이라고 생각했다.

'아이들이 정호를 좋아하게끔 만드는 건? 이것도 아니야.'

우진이는 고개를 가로저었다. 신통한 방법이 없었다. 어떻게 해야 암행어사로서 제대로 임무를 해내는 것인지 헷갈렸다. 그냥 선생님 말대로 다른 친구를 도와 주거나 친절하게 행동하는 친구들만 살피는 거라면 쉬운 일이다. 하지만 그게 다는 아니었다.

우진이네 반은 겉으로만 화목해 보일 뿐이었다. 모두들 즐겁게 웃고 떠드는 듯이 보이지만 자세히 들여다보면 아니다. 자기랑 친한 애들하고만 놀거나 끼리끼리 뭉쳐 다니며 다른 아이를 따돌렸다. 그리고 그것 때문에 상처받고 힘들어하는 아이들도 있었다.

어찌되었건 모두 같은 반 친구였다. 우진이는 반 전체 아이들이 다 친할 수는 없지만 적어도 미워하고 괴롭혀서는 안 되는 거라고 생각했다. 하지만 우진이도 그저 생각뿐 어떻게 해야 할지 알 수 없었다. 미워하고 괴롭히는 거나 그런 친구를 모른 척하는 거나 잘못하는 건 마찬가지다.

'앞으로 또 오늘 같은 일이 일어난다면?'

우진이는 정호를 감싸 줄 자신이 없었다. 가슴이 답답했다.

일기장을 펼쳤다. 선생님은 이런 우진이의 마음을 알아줄 것 같았다. 암행어사를 임명한 건 선생님이니까. 늘 건성으로 대충 쓰던 일기를 우진이는 심각하게 써 내려갔다.

난 아무래도 암행어사 자격이 없는 것 같다. 이렇게 어려운 일인 줄 알았으면 처음에 임명되었을 때 그만둔다고 할걸……. 옛날 암행어사들은 죽을 고비를 넘기기도 했다는데 그럴 때는 무섭지 않았을까? 자기 힘으로 해결할 수 없는 일을 만나면 어떻게 했을까?

다음 날 일기 검사를 마치고 돌려받은 우진이의 일기장에는 다음과 같은 선생님의 답글이 쓰여 있었다.

우리 우진이가 많이 힘든가 보구나. 내가 보기에는 지금까지 훌륭하게 잘 하고 있는걸. 자기가 맡은 일을 잘 해내려고 애쓰는 네 모습이 정말 멋지구나. 진짜 암행어사도 지금 우진이보다는 덜 멋있을 것 같은데?

우진아 힘내. 누가 뭐래도 넌 훌륭한 암행어사니까.

잘 하고 있다는 선생님의 답글을 읽고 나서도 우진이는 그다지 힘이 나지 않았다. 물론 선생님의 칭찬은 기분 좋았지만 정호에 대한 미안한 마음이 그 모든 것들을 눌러 버렸다. 언제부턴가 생긴 그 마음이 이제는 너무나 커다란 돌덩이가 되어 있었다.

이런 우진이와 달리 정호는 아무렇지도 않은 듯했다. 아까 아란이가 어제 체육 시간의 일로 우진이에게 뭐라고 할 때도 정호는 오히려 우진이를 감싸 주었다. 그럴수록 우진이는 더욱 정호에게 미안한 마음이 들면서 자기 자신이 비겁하게 느껴졌다.

하지만 우진이가 모르는 사이에 정호는 조금씩 달라지고 있었다. 하루하루 얼굴빛이 밝아져 갔다. 늘 고개를 숙이고 조용히 다니던 정호는 이제 고개를 숙이지 않았다. 뭔가 든든한 게 있는 사람처럼 보였다.

뭔가 든든한 것.

우진이는 정호에게 있는 그것이 바로 우진이와 아란이라는 것을 꿈에도 몰랐다. 그저 정호를 떳떳하게 친구로 대하지 못하고 도와 주지도 못하는 자신 때문에 괴로워할 뿐이었다.

| 탐구발표 |

암행어사 노릇은 너무 어려워

강우진

| 주제 선정 이유 |

예전에 〈암행어사 박문수〉라는 책에서 박문수가 길을 다니면서 하루하루 먹을 것과 잠자리 걱정을 하는 내용을 본 적이 있다. 이번에 암행어사에 대해 조사를 하려고 보니 그때 읽은 내용이 떠올랐다. 우리는 암행어사가 벌인 멋진 활약에만 관심을 갖고, 임무를 수행하느라 얼마나 힘이 들었는지에 대해서는 생각해 보지 않은 것 같다. 그래서 암행어사가 겪은 어려운 점에 대해 조사해 보기로 했다.

| 조사 방법 |

조사를 위해 암행어사가 실제로 겪은 사건을 중심으로 살펴보기로 했다. 자료는 암행어사에 대한 기록이 있는 역사책과 일화가 실려 있는 이야기책과 인터넷에서 찾아보았다. 자료들 가운데 실제로 일어난 사건 몇 가지를 뽑아 신문 기사처럼 꾸몄다.

긴급 진단 암행어사 이대로 좋은가

평안도에서 가짜어사 출현
용천부사는 말까지 빌려줘······

요사이 가짜 암행어사가 다닌다는 소문이 널리 퍼져 있는 가운데 실제로 평안도에서 가짜어사가 잡혀 놀라움을 주고 있다.

가짜어사의 주인공은 귀양살이를 하던 이천재라는 사람으로 이헌영의 이름을 빌어 가짜 암행어사 노릇을 하였다고 한다. 이천재는 어사로 대접받으면서 역마까지 빌려 타고 다니며 소란을 일으키다 이를 수상히 여긴 의주부* 부윤 권업에게 덜미를 잡혔다. 조사 결과 이천재에게 속아 관가의 도장을 빼앗긴 관리도 여럿 되는 것으로 알려졌다. 의금부*에서는 이들 관리들을 붙잡아 더 이상의 피해는 없는지 조사를 벌였다. 가짜어사 사건은 암행어사가 몰래 다녀 신분 확인이 쉽지 않은 점을 노린 범죄로 중종과 선조 임금 때에도 한 차례씩 보고된 바 있다. 한편 이 사건 소식을 들은 백성들은 암행어사라고 하면 사실도 확인하지 않은 채 무조건 어사로 대접하는 관리들의 태도가 문제라며 비난했다.

숙종 임금 38년(1712)

강우진 기자

* 의주부 – 지방 행정 구역의 하나. 평안도 의주 지역.
* 의금부 – 임금의 명령으로 죄인을 조사하는 일을 맡은 관청.

암행 태풍이 지나간 자리
새 수령은 이제 그만!

부임지로 가던 무안현감 한밤중 여관에서 날벼락

새 무안현감 성수묵이 전라도 영광의 한 여관에서 묵었다가 한 떼거리의 남자들로부터 봉변을 당하는 사건이 일어났다.

지난 밤 해시(밤 9시에서 11시 사이)경 갑자기 들이닥친 이들은 "우리 원수 성수묵은 나와라."고 하면서 방문을 열어젖히고 소란을 피우다가 출동한 포졸에게 잡혔다. 다행히 큰 피해는 없었으나 방문이 부서지고 자던 사람들이 놀라 우왕좌왕했다며 여관 주인 김씨가 그때의 급박한 상황을 전했다. 조사 결과 주동자인 조중린은 몇 해 전 암행어사로 나온 성수묵에게 비리 조사를 받다가 매를 맞아 숨진 아전 조기풍의 아들로 밝혀졌다. 조중린은 그때 일로 아버지의 원수를 갚겠다며 이 같은 일을 저지르게 되었다고 말했다. 성수묵은 이번에 새로 무안현감으로 발령받아 무안으로 내려가던 길이었다.

사건 보고를 받은 조정에서는 이번 일이 암행어사의 활동에 걸림돌이 되지 않을까 우려하고 있다. 그러나 암행어사를 했던 사람이 나중에 수령이 될 수밖에 없는 현실이라 뚜렷한 대책을 찾지 못하는 것으로 알려졌다.

순조 임금 31년(1831)
강우진 기자

사설

그래도 암행어사는 보내야 한다

요즘 들어 자주 발생하고 있는 암행어사 관련 사건과 사고들은 암행어사 제도가 안고 있는 문제점이 점차 사회 문제가 되고 있음을 보여 주고 있다. 이로 인해 일부 신하들 사이에서 암행어사 제도를 없애야 한다는 목소리가 높아지고 있다. 암행어사의 어려움은 제도가 처음 시행될 때부터 어느 정도는 예상한 문제다. 특히 변변한 수행 군관이 없이 다녀야 하는 암행어사의 안전 문제는 앞으로 풀어야 할 숙제라고 하겠다. 하지만 요즘 불거지는 문제는 암행어사가 활동을 하면서 겪는 어려움과는 조금 다르게 바라보아야 한다. 가짜어사가 생기고, 암행어사였던 사람이 수령이 되어 보복을 당하고, 수령이 자주 바뀌어 혼란을 주는 일 등은 암행어사 제도가 있는 한 계속 생길 수 있는 문제들이다. 그러나 암행어사나 수령이 자신의 맡은 바 임무를 성실하게 하면 이런 문제들은 얼마든지 없앨 수 있다고 본다.

그 동안 암행어사 제도는 숱한 어려움이 있었지만 암행어사들이 그 임무를 훌륭하게 해냄으로써 유지되어 왔다. 여비가 모자라 굶주리고 밤이면 헛간에서 고단한 몸을 누이면서도 오로지 사명감으로 지켜 온 제도인 것이다. 문제가 좀 있다고 해서 아예 제도를 없애자는 주장은 바람직하지 않다. 지금은 암행어사 제도가 제 기능을 찾을 수 있도록 머리를 맞대고 고민해야 할 때다.

조사를 마치고 나서

처음에 조사를 할 때는 암행어사가 겪는 어려움만 생각했는데 조사하다 보니 가짜어사 문제나 수령이 되어서 겪는 문제처럼 암행어사 제도 때문에 생기는 문제들이 많다는 사실도 알게 되었다. 암행어사 제도가 훌륭한 제도라고만 알아온 내게는 새로운 사실이었다. 그런 어려움 가운데서도 자기 목숨을 아끼지 않고 백성을 위해 일한 암행어사가 존경스럽다. 아무튼 지금도 암행어사가 있으면 좋겠다.
그러면 이 세상에 억울한 사람들이 조금은 줄어들지 않을까?
나도 그런 암행어사를 본받고 싶다.

암행어사의 마지막 밤

어느새 출도 날이 하루 앞으로 다가왔다. 저녁을 먹자마자 우진이는 자기 방에 들어가 꼼짝도 않고 뭔가를 열심히 하고 있었다. 우진이가 저녁 내내 조용한 게 신기했는지 엄마가 슬며시 방문을 열고 들여다보았다.

"뭐 하는데 텔레비전도 안 보고 방 안에 있니? 내일 시험이라도 보니?"

"아니요."

"하긴 네가 시험 본다고 공부할 애니? 아까 낮에 너한테 뭐 왔더라. 선생님이 보내신 모양인데, 뭐니?"

엄마는 몹시 궁금한 얼굴로 우진이에게 포장지에 싸인 물건을 건네며 물었다.

"아, 이거요?"

우진이는 그때서야 선생님이 마패를 보내 준다고 한 말이 생각났다. 서둘러 포장을 풀어 보니 정호네서 본 것과는 달리 거무튀튀한 진짜 마패였다.

"마패예요. 내일이 암행어사 출도 날이거든요. 그래서 그 동안 활동한 거 발표할 준비하고 있어요."

"어? 우리 우진이가 암행어사였어? 엄마도 까맣게 몰랐네."

"그럼요. 아무도 몰라야 하는 거예요. 아무리 엄마라고 해도."

"그래, 활동은 잘 하셨나요? 암행어사님?"

"잘하고말고 할 것도 없어요."

우진이는 머뭇거리다가 말을 이었다.

"엄마, 그런데 한 가지 고민이 있어요. 정호 아시죠?"

"지난번에 아란이랑 같이 왔던 친구 말이니?"

"네. 아이들이 정호를 싫어해요. 그냥 싫어하는 정도가 아니라 은근히 괴롭히기도 해요."

"그래? 정호가 많이 힘들겠구나. 그런데 너하고는 어떻게 친해졌니?"

"저도 아란이 때문에 친해진 건데 알고 보니까 꽤 괜찮은 친구더라고요."

"엄마가 보기에도 그렇더구나. 그런데 애들이 왜 싫어할까?"

"잘 모르겠어요. 몇몇 애들이 싫어하면 다른 애들은 덩달아 그래요. 그러면서 자기가 싫어하는 애하고는 놀지 말라고 그러고요. 저도 들은 얘기인데 어떤 애가 처음에는 정호하고 좀 가깝게 지냈나 봐요. 그래서 그 애가 자기 생일 잔치에 정호를 초대했는데 그 사실을 안 애들 모두가 정호가 오면 안 간다고 그랬대요. 그래서 할 수 없이 정호더러 생일 잔치에 오지 말라고 했다는 거예요. 그 다음부터는 그 애도 정호하고 놀지 않는대요."

"그래? 자기가 싫으면 그만이지 왜 남까지 못 놀게 하는 거니?"

"모르겠어요. 아무튼 그래서 정호는 우리 반에서 친구가 없어요. 아란이밖에는."

"너도 있잖아?"

"저도 아직 학교에서는 아는 척을 잘 못하겠어요."

우진이는 아란이가 처음에 정호랑 친하게 지내면서 겪었던 일들을 엄마에게 말했다. 우진이는 자기도 그런 일을 당할까 봐 겁이 난다고 했다.

"그게 두렵니? 우리 암행어사님이 두려운 게 있으면 안 되는데?"

엄마는 장난처럼 말했지만 우진이는 사뭇 심각한 얼굴이었다.

"참, 아까 고민이 있다고 하지 않았니? 고민이 뭐야?"

"정호를 도와 주고 싶어요. 암행어사로서 말이에요. 그런데 좋은 방법이 생각나지 않아요. 내일이 출도 날인데……."

"정말 정호를 도와 주고 싶니?"

"네. 사실 처음에는 상관하지 않으려고 했어요. 정호를 별로 좋아하지도 않았고 그건 정호 문제라고 생각했거든요. 그런데 생각해 보니 그냥 모르는 척하면 안 될 것 같아요."

"정호랑 친해졌기 때문에?"

"그건 아니에요. 정호하고 친해지지 않았더라도 도와 주고 싶었을 거예요. 전 암행어사니까요. 이번에 탐구 과제하면서 암행어사에 대해 많이 알게 되었어요. 어렵고 힘든 처지에 놓인 친구를 두고 모르는 척한다면 그건 도리가 아니란 생각이 들어요."

엄마는 우진이를 대견해하는 눈빛으로 바라보았다. 엄마 눈에는 그저 철없고 어리게만 보이던 우진이였다.

"그런데 어떻게 도울 거니?"

"생각해 보기는 했는데……, 잘 모르겠어요."

"암행어사는 어떻게 했니? 암행어사 덕에 백성들이 모두 행복해졌니?"

우진이는 엄마의 물음이 엉뚱하게 느껴져 잠시 어리둥절했다.

그러고는 잠시 뜸을 들이다가 대답했다.

"그건 아닌 것 같아요. 정호네 엄마가 그러시는데 백성들은 살기가 더 어려워졌대요. 세상이 자꾸만 어지러워졌기 때문에 말이에요. 세…… 뭐더라?"

"세도정치?"

"네 맞아요. 세도정치 때문에 백성들이 살기가 더 고달파졌다는 거예요. 그래서 나중에는 암행어사의 힘이 모자라게 되었대요. 그런데 그건 왜요?"

엄마는 몹시 놀란 얼굴이었다.

우진이가 암행어사에 대해 이토록 잘 알고 있는 줄은 미처 몰랐던 것이다.

"우리 우진이 공부 많이 했네? 암행어사는 훌륭하지만 백성들 전체를 보살피기에는 힘이 모자랐지. 조선 후기에 세상이 어지러워지면서는 더욱 그랬어. 그럼 백성들이 어떻게 했을까? 오지도 않을 암행어사의 도움을 바라면서 기다리기만 했을까?"

"아니요, 백성들이 스스로 문제를 해결하려 나섰다고 들었어요."

우진이는 이제야 엄마가 무슨 말을 하려고 하는지 짐작이 갔다.

"아, 알았어요. 정호의 일은 정호가 스스로 해결하게 두라는 거죠?"

"그래. 그렇다고 모르는 척하라는 건 아니야. 넌 너대로 도울 방법을 찾아야지. 하지만 지금 네게는 방법을 찾는 것보다 용기가 더 필요한 것 같은데? 마음먹은 대로 행동할 용기, 옳은 일을 위해서라면 목숨도 걸 용기 말이야."

"암행어사처럼요?"

"그렇지. 설사 다른 친구들이 너랑 안 논다고 하더라도 네가 옳다고 생각하는 일을 하라는 거야."

"맞아요, 용기. 그런데 엄마는 내가 되게 잘난 줄 아나 봐."

엄마는 한쪽 눈을 찡긋하며 우진이 등을 탁 치고는 방을 나갔다. 엄마 말이 다 옳은 것 같기는 한데 엄마와 이야기를 나누고 나니 머리가 더 복잡해진 느낌이었다.

엄마가 나간 뒤에도 한참을 멍하니 앉아 있던 우진이는 책상 위에 놓여 있는 마패를 보면서 다시 한숨을 쉬었다.

'이 마패가 내게도 용기를 줄까?'

마패를 집어 들고 만지작거리던 우진이는 뭔가를 결심한 듯 암행 활동 보고서를 마저 쓰기 시작했다. 다 쓰고 나서 다시 한 번 읽어 본 우진이는 곱게 접어 책상 위에 놓고 그 위에 마패를 얹어 놓았다. 우진이 얼굴에 걱정하는 빛이 서렸다.

'내일 과연…….'

우진이는 잠자리에 누워 한참을 뒤척이다 겨우 잠이 들었다.

| 탐구발표 |

무사히 임무 마치고 돌아왔습니다

강이슬

주제 선정 이유

우리 반에서는 암행어사 놀이를 하고 있는데 암행어사가 된 친구는 출도를 한 다음에 암행 활동 결과를 보고해야 한다. 선생님은 옛날 암행어사도 임무를 마치고 돌아오면 임금에게 이런 보고서를 써냈다고 했다. 설명을 듣고 나니 암행어사가 서울로 돌아와 한 일이 무엇인지 궁금해졌다. 또 이런 보고서를 왜 써야 하는지, 쓴다면 언제 쓰는지 알고 싶어서 조사해 보기로 했다.

조사 방법

암행어사가 돌아와서 한 일이 무엇인지를 책과 인터넷을 통해서 알아보았다. 또 〈조선왕조실록〉과 암행어사에 대한 책에서 암행어사가 쓴 보고서가 있는지 찾아보았다. 자료가 너무 많고 읽는 데 어려움이 많아 삼촌의 도움을 받았다.

암행어사가 돌아와서 한 일

암행어사가 오랜 암행 활동을 마치고 다시 서울로 돌아왔다. 그럼 이제 할 일은 무엇일까? 바로 임금에게 그 동안 보고 들은 것들을 보고하는 일이다. 이때 암행어사가 쓴 보고서를 서계라고 하는데, 서계는 반드시 암행을 마치고 돌아온 뒤에 써야만 했다. 또한 암행어사가 직접 써야했고, 그 내용은 임금님에게 보고한 뒤에도 비밀로 했다.

보고서 종류

- **서계** 봉서에서 지시한 것들을 중심으로 수령의 잘못이나 잘한 일, 그리고 백성들의 어려움에 대해 보고 들은 대로 쓴 보고서.
- **별단** 봉서에서 지시하지는 않았지만 암행어사가 따로 보고 들은 것을 쓴 보고서. 숨은 미담이나 열녀, 효자 이야기를 썼다.
- **장계** 가끔 서울로 돌아오기 전에 미리 보고해야 할 내용이 있을 때 쓴 보고서.

관서 암행어사 이면응이 올린 서계 내용

평안도 관찰사 정창성은 일을 잘 하지 못하는데다가 나이까지 들어 아래 관리들이 제멋대로 잘못을 저지르고 있습니다. 각 고을의 굶주린 백성들을 제대로 보살피지 않아 죽을 지경에 이른 사람이 많습니다. 덕천군수 신엄은 오랜 동안 정신이 흐릿한 상태로 있어 백성을 다스리는 일을 맡기기가 어려울 것 같습니다. 백성들의 원망 소리가 가득하고, 창고는 텅 비어 있으니 마땅히 무거운 벌을 내려야 하겠습니다.

영변부사 허근은 사람됨이 거칠고 사나운데다 술을 마시고 주정을 하며 하루 종일 취해 지내고 있습니다. 이에 고을에서는 그를 원수 보듯 미워하고 이웃 고을 사람들은 그를 도적이라 생각하고 있습니다. 무겁게 처벌하는 것이 마땅합니다.

상원군수 이언영, 희천군수 이득신, 운산군수 서유붕, 양덕현감 송준재는 백성을 잘 다스리고 있으므로 칭찬할 만합니다.

〈정조실록〉 14년 3월 24일 (1790)

보고를 받은 임금

임금은 서계의 내용에 따라 사실을 확인하고 수령들에게 상을 주거나 벌을 내렸다. 따라서 서계는 정확하고 신중하게 써야 했다. 만약 거짓이나 잘못된 내용이 있으면 암행어사가 벌을 받았다. 서계를 자세히 쓰지 않고 대충 쓴 암행어사도 벌을 받았는데, 그 정도로 서계를 중요하게 여겼다는 뜻일 것이다.

기록을 보면 암행어사가 올린 서계를 보고 백성들의 처참한 모습에 마음 아파하는 임금의 모습이 많이 나온다. 그 가운데 인상 깊은 내용이 있어서 소개한다.

효종 임금 때 일이다.
암행어사 이단상이 두 달여의 활동을 마치고 임금에게 보고를 올렸다. 이단상은 "제가 글로 써 올린 것은 제가 본 것에 비하면 만분의 일도 못 됩니다. 백성들이 굶주려 허덕이는 모습은 차마 말로 다 못할 정도로 비참하기 그지없습니다." 하며 흐느꼈다. 이단상의 서계를 읽은 효종 임금은 "그대의 서계를 보니 굶주린 백성들이 눈앞에 있는 듯하여 나도 모르게 목이 멘다."고 하며 눈물을 흘렸다.

이것이 궁금하다?

숫자로 본 암행어사

기록에 남아 있는 암행어사는 명종 임금 때 보내기 시작해서 고종 임금 때까지 모두 613명이다. 하지만 암행어사는 비밀로 보냈기 때문에 기록에 남지 않은 암행어사가 더 있을 것이다. 한 번에 가장 많이 보낸 때는 효종 임금 때로 16명이 한꺼번에 나간 적이 있다.

암행어사는 임시로 보낸 관리여서 필요할 때만 보냈기 때문에 임금에 따라 해마다 보내기도 하고 몇 년 동안 보내지 않기도 했다. 한 해에 보낸 것을 한 번으로 계산하면 암행어사는 348년 동안 평균 2년 반마다 한 번씩 보낸 셈이 된다.

조사를 마치고 나서

암행어사를 보낸 까닭에는 백성들이 사는 모습과 생각을 살피려는 목적도 있었다. 그러므로 암행어사가 다녀와서 서계를 써내는 일은 바로 이런 목적에 딱 맞는 임무였다. 조선 시대는 요즘처럼 신문이나 텔레비전이 없었기 때문에 궁궐에서 생활하는 임금은 무지 답답했을 것 같다. 그래서 암행어사에게 서계를 쓸 때 되도록 자세하게 쓰게 하고 내용이 허술하면 벌을 주기까지 했나 보다.

여기에 다 소개하지는 못했지만 서계를 보니 그때 백성들이 사는 모습이 눈에 보이는 듯했다. 수령이라는 사람이 술주정을 하고 정신이 흐릿하다는 대목에서는 정말 어처구니가 없었다. 참, 효종 임금은 정말 마음이 곱고 따뜻한 사람이었던 것 같다.

암행어사 출도 날

우진이는 간밤에 늦게 잠이 든 탓인지 아침에 일어나기가 쉽지 않았다. 엄마가 몇 번씩 와서 깨운 뒤에야 겨우 눈을 떴다.

"오늘 암행어사 출도하는 날이라며? 이런 날 지각할래? 빨리 일어나!"

우진이는 그때서야 어젯밤에 늦게까지 암행 활동 보고서를 쓴 일이 생각났다. 책상 위에 놓인 마패를 바지 주머니에 넣고 가방을 챙긴 뒤 서둘러 집을 나섰다.

교실에 들어가니 반 아이들이 거의 다 와 있었다. 우진이는 자리에 앉으려다 정호와 눈이 마주쳤다. 우진이는 손을 번쩍 들어 정호에게 인사를 했다. 아이들의 눈길이 모두 우진이에게 쏠렸다. 정호도 깜짝 놀란 모양이었다. 우진이가 학교에서 자기를 아는 척하리라고는 짐작도 못 한 일이었다. 우진이는 자신에게 쏠린 눈길들을 애써 물리치며 태연한 척 자리에 앉았다.

드디어 암행어사가 출도할 4교시가 돌아왔다. 우진이는 두근거리는 마음으로 주머니의 마패를 만지작거렸다.

"오늘은 우리 반에서 한 달 동안 수고한 암행어사가 출도를 하는 날이에요. 이번에는 누가 암행어사인지 알아내지 못한 것 같은데 암행어사가 활동을 아주 잘 한 모양이네요. 누구 짐작 가는 사람이라도 있나요?"

아이들은 서로를 가리키며 "너냐?" 하고 킥킥거렸다. 우진이는 시치미를 떼고 있었지만 속으로는 조마조마해서 빨리 출도하기만을 바라고 있었다.

"자, 그럼 모두 큰 소리로 암행어사 출도를 외쳐 봅시다."

"암행어사 출도야!"

"암행어사 출도야!"

아이들은 암행어사 출도를 외치고 나서 둘레를 두리번거렸다. 우진이가 일어서려고 하는데 갑자기 옆자리에서 철규가 벌떡 일어났다. 모두들 놀란 눈으로 철규를 쳐다보았다. 우진이도 깜짝 놀라 쳐다보았다.

"선생님, 이렇게 나가면 되는 거죠?"

그러더니 철규는 도로 자리에 앉았다. 난데없는 철규의 행동에 교실은 웃음바다가 되어버렸다. 아이들은 다시 한 번 암행어사 출도를 외쳤다.

우진이는 쭈뼛쭈뼛 자리에서 일어나 앞으로 나갔다.

"강우진, 너도냐? 그냥 앉아라."

"한 번 속지 두 번 속냐?"

여기저기서 아이들이 떠들어 댔다. 그때 우진이가 주머니에서 마패를 꺼내 치켜들었다. 얼굴이 화끈 달아올랐다. 그렇게 마패를 들고 칠판 앞까지 나가자 아이들의 소리는 놀라움으로 바뀌었다.

"야, 이번에는 진짠가 봐."

"자식, 연기 잘 하네. 감쪽같이 몰랐잖아?"

"어쩐지 우진이가 요즘은 좀 얌전하다 했어. 그지?"

아이들은 저마다 수군거렸다. 아이들의 눈길이 온통 자기에게 쏠리자 우진이는 가슴이 더욱 쿵쾅쿵쾅 뛰었다.

"여러분이 보다시피 이번 암행어사는 우진이에요. 저는 이번에도 실패하면 어쩌나 하고 걱정을 많이 했는데 우진이가 참 잘 해 줘서 기뻐요. 덕분에 이렇게 출도도 하게 되었네요. 그럼 이제 암행어사가 활동한 내용을 들어 보도록 할까요? 우진아, 나와서 발표해 보자."

우진이는 주머니에서 발표할 종이를 꺼내 들고 읽어 내려가기 시작했다.

"선생님께서는 저에게 친구들끼리 서로 돕고 사이좋게 지내는지 살피라고 하셨습니다. 하지만 활동을 하다 보니 간혹 좋지 않은 모습도 눈에 띄었습니다. 그래서 우리가 고쳤으면 하는 행동도 함께 발표하겠습니다. 먼저 제가 활동을 하면서 느낀 점은 우리 반 친구들이 서로 화목하게 지내고 있다는 것입니다. 아침 자습 시간에 좀 떠들기는 했지만 어려운 문제가 나오면 모르는 친구에게 가르쳐 주는 모습도 볼 수 있었습니다. 또 친구가 무거운 물건을 들거나 아플 때 서로 나서서 도와 주는 모습은 참 보기 좋았습니다. 하지만 때로 친구끼리 예의를 지키지 않고 나쁜 말을 쓰는 것은 고쳐야 할 점인 것 같습니다. 그리고 가끔 점심 시간에 줄을 설 때 서로 밀치거나 가운데 끼어들어 새치기를 하는 친구들도 있었는데, 그런 행동은 다른 친구에게 방해가 된다는 것을 알아야 할 것입니다."

일단 여기까지 발표한 우진이는 크게 숨을 한 번 내쉬었다. 그러고는 잠시 주저하다가 다시 발표를 이어갔다.

"그럼 이 달의 멋진 친구를 발표하겠습니다. 이 친구는 늘 친구들과 사이좋게 지내며 누가 모르는 것을 물어볼 때도 친절하게 가르쳐 주었습니다. 나쁜 말도 쓰지 않았습니다. 바로 유혜은입니다."

우진이가 이 달의 멋진 친구의 이름을 말하자 여기저기서 웅성대는 소리가 났다. 우진이는 발표를 이어갔다.

"제가 유혜은을 이 달의 멋진 친구로 뽑은 까닭은 그런 모습 때문만은 아닙니다. 얼마 전 점심 시간의 일이었습니다. 여러분도 알다시피 우리 반 교실은 급수대가 가까워 복도에는 늘 물이 떨어져 있습니다. 그런데 그날은 누가 그랬는지 복도에 물이 많이 쏟아져 있었습니다. 아무도 닦을 생각을 하지 않고 있는데, 혜은이가 어느새 대걸레를 들고 와서 닦고 있었습니다. 밥도 안 먹고 이걸 닦고 있느냐고 물었더니 그냥 놔 두면 지나다니는 애들이 미끄러진다면서 얼른 닦아야 한다고 했습니다. 전 그때 좀 부끄러웠습니다. 전 늘 놀기에 바빠서 그런 생각은 꿈에도 못 했으니까요. 그리고 저는 다른 사람을 생각할 줄 아는 유혜은이야말로 정말 멋진 친구라고 생각했습니다."

아이들은 와 하는 소리와 함께 박수를 보냈다.

우진이는 이 달의 멋진 친구까지 발표하고 나서도 더 할 말이 있는 듯 머뭇거렸다.

"우진아, 발표할 게 더 남았니? 있으면 해 봐."

우진이는 암행 활동 보고서의 나머지 부분을 발표할까 말까 망설였다. 어젯밤 늦게까지 잠도 못 자고 쓴 보고서였다. 어제 엄마 말을 듣고 우진이는 발표할 때 정호 이야기를 하려고 마음먹었다. 아침에 정호에게 인사할 때까지만 해도 꼭 발표를 하리라고 생각했는데, 막상 아이들 앞에 서니 정호 이야기를 꺼낼 용기가 나지 않았다.

"아, 아니요. 없어요."

우진이는 혹시 선생님이 보자고 할까 봐 종이를 얼른 접어서 바지 뒷주머니에 찔러 넣었다.

"그럼 유혜은 나오세요. 그리고 한 달 동안 암행어사 활동을 하느라고 애쓴 우리 우진이에게 박수!"

정호는 누구보다 열심히 박수를 보냈다. 우진이는 애써 정호 쪽을 보지 않고 자리에 돌아와 앉았다. 뿌듯하기도 하고 부끄럽기도 했다. 암행어사 활동을 무사히 마치고 나니 무거운 짐을 내려놓은 듯 후련하기도 했지만 정호에 대한 미안한 마음은 쉬이 가실 것 같지 않았다.

종례를 마치고 교실 문을 나서는데 정호가 우진이를 불렀다.

"같이……, 갈래?"

우진이는 뜻밖이라고 생각하면서도 주저 없이 대답을 하고는 정호와 나란히 섰다. 정호는 우진이의 그런 행동에 크게 자신감을 얻었는지 씩 웃음을 보였다. 뒤따라 나온 아란이가 자기만 빼놓고 가느냐며 우진이와 정호 사이에 끼어들었다.

"너 오늘 정말 멋지더라."

정호가 다시 말을 꺼냈다.

"뭐가?"

"순 개구쟁이에 덜렁인 줄 알았는데 제법이더라. 나도 네가 암행어사인 줄은 몰랐어. 어쩌면 그렇게 시치미를 뚝 떼고 지냈냐?"

"내가 진짜 잘 한 거 같냐?"

우진이는 정호에게 되물었다. 왠지 정호가 잘했다고 말해 주면 정호에게 가졌던 미안한 마음이 털어질 것 같았다.

"내가 볼 때는 그래. 그리고……."

정호는 조금 망설이다가 말을 이었다.

"오늘 아침에 정말 고마워. 네가 인사를 할 줄은 몰랐어. 아까는 정말 교실이 환해지는 느낌이었어. 이제 학교 생활이 즐거워질 것 같아. 다 너희들 덕분이야."

아란이는 무슨 말인지 영문을 몰라 우진이와 정호를 번갈아 가며 바라보았다. 정호한테 설명을 듣고 나서는 고개를 끄덕였다. 정호는 진짜 친구가 된 것을 기념하여 떡볶이를 한턱 내겠다고 했다.

"야, 왜 네가 내냐? 이거 있잖아. 내가 내야지."

우진이는 상으로 받은 떡볶이 상품권을 흔들며 말했다. 정호도 지지 않고 자기가 사겠다며 우겼다. 서로 자기가 낸다며 옥신각신하는 걸 보며 아란이가 말했다.

"아무나 내라. 난 굿이나 보고 떡이나 먹어야지."

아이들은 신이 나서 콧노래까지 부르며 학교 앞 떡볶이집으로 몰려갔다.

"우진이 벌써 자니? 오늘은 웬일이야."

우진이 방에 들른 엄마는 우진이가 자는 모습을 보고 도로 나가려고 하다 아무렇게나 벗어 내팽개친 바지를 보았다.

"이 녀석은 아무리 얘기를 해도 소용이 없네. 꼭 이렇게 바지를 홀랑 뒤집어 벗어서 던져 놓고. 빨 거면 내놓으라고 해도 원."

엄마는 바지를 들고 나오면서 빨래통에 넣으려고 주머니를 확인하다 우진이가 발표하고 넣어 둔 암행 활동 보고서를 찾아냈다. 엄마는 종이를 펼쳐 읽어 내려갔다.

저는 암행어사입니다. 지금부터 하는 이야기는 우리 반 '암행어사 놀이'와는 상관없는 이야기일지도 모르지만 그냥 모르는 척하면 안 될 것 같아 이야기하려고 합니다.

암행어사가 되고 나서 전 우리 반의 분위기가 좀 이상하다고 느꼈습니다. 전에는 노느라고 바빠 몰랐던 사실이에요. 아까도 말했듯이 우리 반 친구들은 모두 사이좋게 잘 지내고 있습니다. 아니 모두가 아니라 딱 한 명만 빼고 말입니다.

제가 이상하게 느낀 점은 바로 이것입니다. 우리 반 누구도 정호를 아는 체하지 않는다는 겁니다. 저 또한 암행어사가 되기 전까지는 마찬가지였고요. 마치 우리 반 전체가 36명이 아니라 35명인 것처럼 보였습니다.

그런데 이상한 것은 그뿐만이 아니었습니다. 정호가 교실에서 자주 넘어진다는 사실이었습니다. 다리가 불편하지도 않고 교실 바닥이 울퉁불퉁하지도 않은데 왜 넘어졌을까요? 그건 정호가 지나갈 때 누군가가 발을 걸었기 때문이었습니다.

또 가끔 정호의 물건이 없어지곤 했는데, 그럴 때마다 아이들이 다 돌아간 뒤 교실 구석에서 정호가 자기의 잃어버린 물건을 찾아내고는 쓸쓸히 교실을 나서는 모습도 보았습니다.

하지만 모두들 모르는 척하더라고요. 아무도 나서서 도와 주지 않을 뿐더러 심지어는 정호와 친하게 지낸다는 까닭으로 다른 아이를 놀리기도 했습니다. 아마 속으로는 자기가 당하지 않는 것을 다행으로 생각했을지도 모르지요. 어쩌면 도와 주고 싶지만 그렇게 못한 친구들도 있을 것입니다. 저도 그랬으니까요.

전 우리가 하는 암행어사 놀이를 재미로만 생각하지 않습니다. 물론 처음에는 저도 별로 대수롭지 않게 생각했지만 이제는 아닙니다. 암행어사가 되고 나서 저는 얼마나 내 자신이 나만을 생각했는지 돌아보게 되었습니다. 또 다른 사람을 위해 자기의 힘을 쏟는 사람이 있다는 것도 알았습니다.

우리가 조사한 암행어사는 늘 어려운 사람 편에 서서 일을 했습니다. 우리도 그런 암행어사의 정신을 본받아 서로 돕고 사이좋게 지냈으면 좋겠습니다.

　전 암행어사였던 지난 한 달을 앞으로 오래오래 소중하게 간직할 것입니다.

| 탐구발표 |

암행어사 출도요!

김철규 박희우

주제 선정 이유

암행어사 하면 '암행어사 출도'를 떠올리는 사람들이 많다. 텔레비전이나 책에서 보는 출도 장면은 언제 봐도 통쾌하다. 하지만 설문 조사 결과를 보면 암행어사가 언제 출도하는지, 암행어사가 출도해서 무슨 일을 하는지 모르는 점이 많았다. 그래서 암행어사 출도에 대해 알아보기로 했다.

조사 방법

암행어사가 출도하는 모습을 알아보기 위해 텔레비전 드라마와 영화를 찾아보았다. 예전에 텔레비전에서 했던 암행어사 드라마에 대해서는 주위 어른들의 도움을 받고, 암행어사 출도의 뜻과 출도 과정이나 출도해서 하는 일 등은 백과사전과 인터넷을 조사했다.

① 암행어사 출도란?

암행어사는 보통 때 허름한 차림으로 다니면서 정보를 모으다가 수령의 잘못을 찾아내면 자신의 신분을 밝히고 나서는데 이것을 출도라고 한다. 하지만 수령이 잘 하고 있으면 출도를 하지 않고 그냥 지나치거나, 조용히 들어가 수령을 만나고 떠나기도 한다.

② 출도는 언제하는가?

암행어사는 감찰 지역에서 정보를 모으다가 더 조사할 필요가 있거나 확실한 증거를 찾아야하는 사건이 있으면 출도를 한다. 출도하는 시간은 암행어사가 필요하면 밤낮을 가리지 않고 아무 때나 출도할 수 있다.

③ 출도 과정

암행어사는 보통 때 하인 한둘과 같이 다닌다. 그러다 출도할 일이 생기면 그 고을에서 가까운 역으로 가서 마패를 보여 주고 역졸들을 불러 ○월 ○시에 어디로 오라고 알려 준다. 약속한 시간이 되면 역졸이나 암행어사 하인들은 관가의 문을 마패로 두드리면서 '어사 출도'를 외친다. 때로는 그 고을의 높은 누각에 올라가 할 때도 있다. 그러면 수령이 나와 암행어사를 자신이 앉던 의자에 앉게 한다. 그리고 그 아래에는 관가에 속해 있는 아전들이 왼쪽과 오른쪽에 예를 갖추고 서 있어야 했다.

④ 출도할 때 어떤 옷을 입었을까?

특별한 옷은 없고 공복 차림으로 했지만 공복이 없더라도 출도를 할 수 있었다. 공복은 관리들이 입는 옷인데, 암행어사가 입는 특별한 옷은 없었다.

5

암행어사는 출도해서 무슨 일을 하나?

수령에게 서류를 건네받고 수령과 아전들에게서 보고를 받는다.

관가에 있는 여러 가지 문서들을 살피고 창고의 물건들과 맞는지 점검한다.

형구의 크기나 도량형이 맞는지 살펴본다.

감옥에 억울하게 잡혀 있는 백성들이 없나 알아본다.

잘못된 문서가 발견되면 수령의 도장을 빼앗고 창고 문을 막는다. 봉고를 하고 나면 수령의 권한은 정지되고, 그 자리는 이웃 고을의 수령이 잠시 맡아 본다.

백성들의 이야기를 통해 그 고을에 효자나 열녀 등을 찾아내어 상을 주고, 재주 있는 사람은 뽑아 임금에게 추천한다.

6 출도할 때 나오는 사람들은 누구인가?

흔히 이 사람들을 포졸로 알고 있는데 사실은 역졸이다.
포졸은 수령 아래 있는 관가의 군사다. 수령을 벌하려고 출도하는데
그 고을의 포졸을 부를 수는 없기 때문에 가까운 역의 역졸을 모으는 것이다.
때때로 이웃 고을 포졸을 부를 때도 있기는 하다.

조사를 마치고 나서

출도는 암행어사 제도의 꽃이라 할만 했다. 어쩌면 출도 때문에 암행어사가 더 유명해진 것 같기도 하다. 조사를 하기 위해 춘향전을 처음으로 읽어 보았다. 춘향이와 이도령의 사랑 이야기도 아름답지만 암행어사가된 이도령이 참 멋있었다. 죄 없는 춘향이를 죽이려 한 변사또가 암행어사 앞에서 벌벌 떠는 모습은 지금 생각해도 속이 다 시원하다.
소설 속에서만이 아니라 실제로도 암행어사는 백성들의 속을 시원하게 해 준 아이스크림 같은 사람이 아니었을까?

끝나지 않은 암행어사

며칠 뒤 우진이네 반은 새로운 암행어사를 뽑았다. 이번에도 역시 선생님의 귀신같은 솜씨에 누구를 암행어사로 임명했는지 몰랐다. 아이들도 애써 알려고 하지 않았다. 암행어사는 비밀을 지키는 게 중요한 일이란 걸 알게 되었기 때문이다.

교내 탐구 대회 결과 우진이네 반은 금상을 받았다. 선생님은 주제가 독특해 점수를 많이 받았다고 했다. 역사에 관한 주제를 다룬 반이 거의 없었기 때문이었다. 탐구 과제를 정리한 형식도 재미있고 조사 내용도 훌륭해 칭찬을 많이 받았다고 했다. 그림을 도맡아 그리다시피 한 희우와 아이들의 탐구 과제 자료를 모아 정리한 아란이는 특별히 아이들의 축하를 받았다. 비록 대상은 놓쳤지만 그런 건 상관없었다. 아이들이 탐구 과제를 준비하면서 느낀 보람은 그 어느 상과도 견줄 수 없을 테니까 말이다.

정호의 학교 생활은 나날이 달라져 갔다. 정호는 이제 쓸데없이 아이들 눈치를 보지 않았다. 다른 친구들이 놀리거나 무시해도 당당하게 맞서려 했다. 무엇보다 아이들이 "뭘 봐?"라고 해도 기죽지 않고 "내 맘이야." 하고 대답할 수 있게 되었다. 오히려 그 아이들이 당황해할 정도였다. 우진이와 아란이는 나중에 그 이야기를 듣고는 배꼽을 잡고 웃었다.

더욱 놀라운 것은 이제 우진이네 반에서 더 이상 정호는 없는 아이가 아니라는 것이다. 교실에 하루 종일 있어도 있는지 없는지 모르게 지내던 정호였다. 하지만 이제 우진이네 반 아이들은 쉬는 시간에 떠들어 대는 정호의 목소리도 들을 수 있었고, 공부 시간에 장난을 치다가 걸려 꾸중을 듣는 정호의 모습을 보기도 했다.

그런 정호의 곁에는 우진이와 아란이가 있었고, 다른 친구들도 조금씩 정호에게 관심을 보이며 말을 건네기도 했다. 물론 점심 시간에도 혼자 쓸쓸히 밥을 먹지 않아도 되었다. 정호는 서서히 자신감을 찾아가고 있었다.

그러던 어느 날 여느 때처럼 함께 모여 집으로 가던 우진이와 아란이와 정호는 갑자기 약속이라도 한 것처럼 한 자리에 딱 멈추어 섰다. 학교 앞 문방구 옆 담벼락에 붙어 있는 벽보 때문이었다. 어느 시민 운동 단체에서 어린이 암행어사를 뽑는다는 내용의 벽보였다.

우진이는 왠지 가슴이 쿵쿵 뛰었다. 암행어사는 없어진 게 아니었다. 아이들은 서로 마주보며 뜻있는 눈빛을 주고받았다. 우진이와 아란이와 정호는 제각기 암행어사가 될 꿈에 부풀었다.

우진이는 그 순간 언젠가 꿈에서 본 암행어사 박문수를 떠올렸다. 암행어사의 뜻을 이어달라며 자신의 손을 꼭 잡고 부탁하던 아저씨였다. 이제 아저씨에게 부끄럽지 않은 진짜 암행어사가 될 수 있을 것 같았다.

'아저씨, 저 이제 정말 멋진 암행어사가 될 거예요.'

우진이는 마치 그 안에 암행어사 박문수가 있기라도 한 듯 벽보를 뚫어지게 바라보며 약속했다.

탐·구·조·사 를 마치며

탐구조사 하느라 무지 고생했다.
엄마가 책 읽는다고 좋아하셨다.
하지만 다음에는 이런 거
안 하고 싶다.
참, 여러분! 춘향전은 꼭 읽읍시다.

— 김철규

머리털 나고 이렇게 신나게 숙제를 한 건 처음이다. 보고서를 쓰는 건 고생스러웠지만 이렇게 결과물을 보니 정말 근사하다. 이제 상 받을 준비만 하면 되나? 뭐? 꿈 깨라고?

— 강우진

암행어사처럼 용감해지고 싶다.
— 손예린

전부터 암행어사를 좋아했지만
이번에 조사를 하면서 더욱 좋아하게 되었다.
나도 나중에 암행어사처럼 약하고
억울한 사람을 위해 일하고 싶다.

— 최정호

보고서 좀 미리미리 써서 주면 어디가 덧나나?
하지만 이렇게 다 모아 놓고 보니
우리가 한 거라고 믿어지지 않을 정도로 훌륭하다.
그동안 고생한 보람이 팍팍 느껴진다.

— 송아란

암행어사가 없어진 게 참 안타깝다.
지금도 암행어사의 정신을 이어받아
좋은 세상을 만들기 위해 노력해야
할 것 같다.
— 유혜은

나 역시 그림 그리느라고 고생 많이 했다.
흑흑. 왜 그림을 나더러 다 그리라고 한 거야.
너무 능력 있는 것도 피곤하니까.
그래도 다 해 놓고 보니 뿌듯~
— 박희우

비밀경찰 암행어사!
정의의 사도! 멋지다!
— 박등재

허름한 옷차림에 날카로운 눈빛,
정의를 향한 뜨거운 열정.
백성을 괴롭히는 수령은 내가 맡는다.
— 암행어사 박문수가 아니라 전재민

주제가 조금 어려웠지만
스스로 해냈다고 생각하니
기분이 좋다. — 이재원

처음 해 본 설문조사가 재미있었다.
사탕 값은 좀 들었지만 좋은 경험이었다.
앞으로 누가 이런 거 하면 대답을
잘해 주겠다. — 김시우

암행어사와 함께
한 걸음 더

1. 새 나라 조선은 암행어사가 필요했어요

고려의 뒤를 이어 새로이 들어선 조선 왕조는 고려 때보다 임금의 힘이 컸어요. 고려 시대에는 임금의 힘이 약해 직접 관리를 보내지 못한 지방이 많았는데 조선 시대에는 온 나라 구석구석에 임금이 직접 뽑은 관리를 보냈어요. 이 관리가 바로 지방의 수령이에요.

> "수령은 백성과 가까이 있으므로 중요한 자리이니 신중하게 뽑아야 한다. 만약 잘못하는 수령이 있으면 그 수령을 추천한 사람도 함께 벌을 주겠다."

조선 3대 임금인 태종이 임금의 자리에 오르면서 한 말이에요. 임금은 자신을 대신하여 보낸 수령을 중요하게 여겼을 뿐만 아니라 그에 대한 기대도 컸어요. 그런만큼 수령에게 막강한 권력을 주었지요. 어느 정도냐 하면 수령이 잘못하는 일이 있어도 백성들이 수령을 직접 고소하지 못하게 했어요. 수령은 어버이나 마찬가지여서 백성인 자식이 부모를 고소하면 안 된다는 논리였지요. 그러니 억울한 일을 당해도 백성들은 수령을 감찰하는 관찰사가 알아서 해결해 주기만을 바랄 수밖에 없었어요.

그러다 보니 뜻하지 않은 문제가 생겼어요. 자신의 힘을 믿고 함부로 행동하는 수령들이 하나 둘 늘어나게 되었지요. 처음에는 백성을 위하는 정치를 하겠다고 다짐했던 수령들도 차츰 자신의 배를 불리는 데 권력을 쓰면서 썩어 가기 시작한 거예요.

백성들은 수령이 나쁜 짓을 해도 고소할 수 없었고, 관찰사는 한꺼번에 여러 지역을 감시하느라 제대로 감시할 수 없는 상황이 되다 보니 백성을 위한 정치를 하겠다는 신념으로 나라를 세운 조선 왕조로서는 고민하지 않을 수 없었지요.

임금들은 어떻게 하면 백성을 괴롭히는 수령을 찾아낼 것인가를 고민하고 또 고민했어요. 성종 임금은 어느 날, 회의를 열어 말했어요.

"욕심 많은 수령들이 더럽고 잔학한 짓을 제멋대로 저지르니, 먼 지방의 백성들이 어찌 조정의 뜻을 알게 될 것인가? 또한 그 지방 관찰사들도 수령의 잘잘못을 다 알지 못하고 있는데 하물며 조정에서 어찌 알겠는가? 옛사람의 말이, '가혹한 행정은 호랑이보다도 맹렬하다.'고 했다. 어떻게 하면 수령들의 나쁜 짓을 모조리 알아내어 우리 백성이 잔학한 행정에 시달리지 않게 할 수 있겠는지 말해 보거라."

〈성종실록〉 20년 11월 7일 (1489)

이때 신하들은 어사를 뽑아 보내는 것이 좋겠다고 말했어요.

그 뒤 좀 더 효과 있는 방법을 찾다가 드디어 암행어사를 보내는 것이 가장 좋은 방법이라고 결론을 내리게 되었답니다.

암행어사를 언제부터 보냈다는 기록은 정확하게 남아 있지 않지만 이때 회의 내용으로 보면 성종 임금 때부터 보내기 시작한 것으로 짐작할 수 있어요.

2. 어떨 때 암행어사를 보냈나요?

암행어사는 꼭 어느 때를 정해 놓고 보낸 것은 아니에요. 임금이 필요하다고 생각할 때나 신하들이 보내자고 건의할 때 보냈어요. 매년 봄, 가을에 보낸 임금이 있는가 하면 몇 년 동안 한 번도 보내지 않은 임금도 있었어요.

암행어사를 보낼 때도 백성들에게 피해가 가지 않도록 세심하게 주의를 기울였어요. 숙종 임금 때까지는 대체로 한여름에는 암행어사를 많이 보내지 않았는데, 이것은 더위에 다니는 암행어사를 걱정해서라기보다는 바쁜 농사철을 피하려는 뜻이었을 거예요. 암행어사가 아무리 조용히 다닌다고 해도 출도를 하게 되면 번거롭고 시끄러워 농사일에 방해가 되기 때문이지요.

그럼 암행어사는 언제 어떤 일로 보냈을까요?

보통은 수령을 감시하고 백성의 생활을 살피라고 보냈지만 때때로 특별한 목적으로 보낼 때도 있었어요. 먼저 나라에 큰 가뭄이 들거나 홍수가 나는 등 자연재해로 백성의 생활이 어려워질 때 암행어사를 보내 굶주린 백성들을 돕는 사업을 벌였어요. 또 전쟁이나 난이 일어나 나라 안이 어지러워지면 암행어사를 보내어 민심을 달래려고 했어요. 선조 임금은 임진왜란 전에는 암행어사를 거의 보내지 않다가 전쟁이 끝난 뒤에 자주 보냈는데, 전쟁으로 어려워진 백성들의 생활을 살피고 흐트러진 사회 제도를 바로잡으려는 목적이었지요.

그뿐만 아니라 나라에서 새로운 제도를 시행한 뒤에도 암행어사를 보냈어요. 새로운 제도가 잘 시행되고 있는지, 백성들의 반응은 어떤지를 알아보기 위해서지요.

정조 임금은 암행어사 제도를 잘 활용한 임금으로 꼽을 수 있어요. 임금으로 있는 동안 거의 해마다 거르지 않고 암행어사를 보냈거든요. 백성을 아끼는 마음도, 암행어사를 믿는 마음도 그 누구보다 지극한 임금이었답니다.

3. 암행어사는 임금에게 백성들의 소리를 들려주었어요

보통 암행어사라고 하면 수령을 감시하러 다닌 사람으로만 알고 있지만 그것 말고도 많은 일을 했어요.

나라 안에 숨어 있는 인재를 찾아내어 임금에게 추천하는 일, 부모에게 효도하고 이웃을 사랑하는 백성을 찾아내어 상을 주는 일, 새로이 시행하는 나라의 제도가 백성들에게 어떻게 받아들여지는지 여론을 조사하는 일, 수령들이 세금 제도나 형벌 제도를 공정하게 펴 나가는지 감시하는 일 등이에요.

암행어사는 지금처럼 대중매체가 발달하지 않았던 시대에 임금에게 백성들의 생생한 삶을 보여 주는 정보원이었어요. 늘 궁궐 안에서만 생활하던 임금은 백성들의 소식을 잘 알지 못했거든요. 암행어사의 보고를 통해서 임금은 백성들의 소리를 더 잘 들을 수 있었어요. 이것은 조선 왕조가 꿈꾸던 왕도정치를 펴는 데 꼭 필요한 아주 중요한 임무였답니다.

암행어사는 백성을 괴롭히는 수령을 혼내 주는 민중의 지팡이일 뿐만 아니라 백성의 소리를 보고 듣는 임금의 눈과 귀였다는 사실도 잊지 마세요.

4. 암행어사는 꼭 출도를 해야 하나요?

"암행어사 출도야!"

고전 소설 〈춘향전〉을 보면 암행어사가 출도하는 장면이 재미있고 실감나게 그려져 있어요. 암행어사 출도의 위력을 보여 주기에 모자람이 없는 장면이지요.

하지만 암행어사가 가는 곳마다 늘 출도를 한 건 아니랍니다. 암행어사는 한 번 나가면 대략 30~40개 고을을 감찰하러 다니는데, 보통 10여개 읍에서 출도를 했다고 해요. 수령이 백성을 잘 다스리는 고을에서는 굳이 요란하게 출도를 할 필요가 없었기 때문이에요. 그럴 때면 관가로 조용히 들어가 자신이 암행어사임을 밝히고 수령을 만난 뒤 떠나기도 했어요. 또 큰 문제가 없는 고을에 가면 백성들이 사는 모습만 살피고 그냥 지나치기도 했고요. 출도를 하면 암행어사의 신분이 드러나기 쉬우므로 꼭 필요한 순간에만 했던 거예요.

암행어사 가운데는 출도를 많이 한 사람도 있고 그렇지 않은 사람도 있어요. 기록으로 볼 때 가장 출도를 많이 한 어사는 순조 임금 33년(1833)에 경기 암행어사로 나간 이시원이라는 사람이었는데, 경기도 37개 군현을 다니면서 20여개 읍에 출도를 했다고 해요.

반대로 아예 한 번도 출도를 하지 않은 어사는 벌을 받기도 했어요. 정조 임금 때 일이에요. 정조 임금 19년(1795)에 호남 암행어사 이희갑이 출도를 하지 않았다고 해서 임금이 크게 화를 냈어요.

"암행어사가 출도도 하지 않은 채 남몰래 갔다가 남몰래 돌

173

아왔다는 것은 예전에 듣지 못했다. 시체가 구렁에 뒹굴고 있는 것을 눈으로 보고도 출도를 하지 않은 탓에 또다시 조사를 벌이게 했다. 이희갑에게 서용을 하지 않는 벌을 내리도록 하라."

〈정조실록〉 19년 5월 22일(1795)

서용하지 않는다는 것은 관직을 주지 말라는 것이니 상당히 큰 벌이었어요. 그만큼 출도가 중요하다는 말이겠지요. 하긴 출도하지 않는 암행어사라니 인터넷 안 되는 컴퓨터처럼 시시하게 느껴지네요.

5. 사회가 혼란해지면서 암행어사도 힘을 잃어갔어요

암행어사 제도는 세월이 흐르면서 효과적인 감찰 제도로 자리를 잡아갔어요. 시행을 하다가 잘못된 부분이나 문제가 생기면 더 낫게 고쳐가면서 400여 년을 이어갔지요. 이렇게 한 제도가 오랜 세월 동안 유지되는 일은 어렵고도 드문 일이에요.

그러나 어떤 제도든지 처음의 목적에서 벗어나 목적을 이루기에 알맞지 않게 되면 그 제도는 없어지게 됩니다.

암행어사 제도도 그랬어요. 처음에는 백성을 괴롭히는 수령에게 강력한 위협도 되고 백성의 생활을 살피는 데도 아주 쓸모 있었지만 점차 세상이 어지러워지고 시대가 달라짐에 따라 암행어사가 할 수 있는 일이 줄어 들었어요.

조선 후기에 들어서 임금은 몇몇 세도가에게 그 힘을 빼앗겨 버렸어요. 역사에서 말하는 세도정치 시대가 된 거예요. 세도정치는 임금이 다른 사람에게 권력을 맡겨 정치를 했던 것을 말해요. 임금이 힘을 잃고 몇몇 세도가가 막강한 권력을 휘둘러 나라가 흔들리게 되었어요.

그러자 세도정치의 혼란 속에서 썩어 가는 수령이 늘어만 갔어요. 암행어사를 보내자니 수많은 수령을 갈아 치워야 할 판이고, 안 보내자니 백성들이 고달픈 상황이 되어 버렸어요. 너무 수령이 자주 바뀌는 것도 문제지만 그 자리를 대신할 수령도 모자랐답니다. 그래서 암행어사에 의해 쫓겨난 수령이 다른 고을에서 다시 수령 노릇을 하는 경우까지 생겨났어요.

그러나 수령이 부족한 것만이 문제는 아니었어요. 사회가 잘못된 권력에 휘둘리다 보니 암행어사로 임명할 청렴하고 강직한 인물을 찾기가 어려워졌어요. 수령에게 뇌물을 받고 잘못을 눈감아 주는 암행어사도 생겼고, 임무에 충실하지 않은 암행어사도 있었어요. 또 어떤 수령은 자신의 등 뒤에 있는 권력만 믿고 암행어사를 함부로 대하기도 했어요. 암행어사의 권위가 떨어져 버린 것이지요.

세상이 이렇게 혼란해지자 백성들은 자신의 일을 자신이 해결하기 위해 억울한 일이 있으면 직접 호소하고 시위를 벌였어요. 그러자 조정에서는 차라리 암행어사를 보내지 말자는 이야기까지 나오게 되었어요. 그리고 마침내 암행어사 제도는 고종 임금 35년(1898)을 끝으로 역사 속으로 사라지고 만답니다.

6. 되살아난 암행어사

조선 왕조가 망하면서 암행어사 제도는 없어졌지만 백성을 위해 싸우던 멋진 암행어사는 정의의 상징으로 아직도 우리 기억에 남아 있어요. 하지만 암행어사가 단지 추억 속의 존재만은 아니에요.

포항공비소탕대(포항공직자 비리소탕 시민특공대)는 포항시 공직사회 검은 돈 추방과 깨끗한 손 되기 운동 추진을 위해 얼굴 없는 현대판 **암행어사**들을 대거 파견해 오는 4일부터 100일간, 포항 등 경북지역 내 관공서 부패비리 암행 감시를 실시한다. 암행 감시 활동 시 뇌물 수수 등 공직자 비리현장이 목격되면 지위고하를 막론하고 시민들이 용기 있게 직접 체포해 검찰과 경찰에 고발한다는 방침이다. [뉴시스 2003]

주유소 모니터들은 1달에 1번씩 자신이 맡은 주유소를 방문, 주유를 하면서 주유원의 복장 및 용모, 주유원의 서비스와 친절도 등을 체크하게 된다. 즉, 주유소 '암행어사' 역할을 하는 셈이다.   [파이낸셜뉴스 2003]

이런 기사에서 보는 것처럼 지금도 암행어사는 우리 주위 곳곳에 있어요. 조선 시대처럼 암행어사라는 이름으로 보내는 것은 아니지만 나라에서는 공무원 사회의 비리를 감시하기 위하여 암행 감찰의 방법을 쓰고 있답니다. 또 기업에서는 고객에 대한 서비스를 점검하거나 제품의 질을 높이기 위해 이 제도를 활용하기도 해요.

국가 기관이나 기업에서만 암행어사 제도를 활용하는 것은 아니에요. 사회 운동 단체도 암행어사 구실을 훌륭하게 하고 있어요. 환경, 교육, 사회, 소비자 운동 단체 등 수많은 사회 운동 단체들이 나라에서 미처 살피지 못하는 사회 곳곳의 부정과 부패를 감시하여 잘못된 것을 고쳐 나가려고 활동하고 있답니다.

암행어사 제도는 조선 왕조가 백성을 위하여 만든 독특한 제도입니다. 그 안에는 조선 왕조의 꿈과 백성들의 바람을 이루기 위한 고민이 고스란히 담겨 있어요.

오늘날 우리도 비리 없는 깨끗한 사회, 힘없는 사람들이 억울한 일을 당하지 않는 세상을 바랍니다. 결코 쉽게 이루어지진 않겠지만 다행히 우리에게는 조상의 지혜가 담긴 훌륭한 제도가 있어요. 억울한 일이 있어도 그냥 앉아서 암행어사를 기다리던 예전과 달리 이제는 우리 스스로 암행어사가 될 수 있어요.

우리가 좋아하는 암행어사를 옛이야기 속의 주인공으로만 가둬 놓지 말고 다시 살아 숨쉬게 한다면 우리가 바라는 세상이 조금 더 일찍 찾아오지 않을까요?

도움받은 책과 자료

〈암행어사 이야기〉 임병준 지음, 전혜원 2000
〈암행어사란 무엇인가〉 고석규 외 지음, 박이정(서광학술자료사) 1999
〈조선의 암행어사〉 임병준 지음, 가람기획 2003
〈조선의 부정부패 어떻게 막았을까〉 이성무 지음, 청아출판사 2000
CD-ROM 〈조선왕조실록〉 세종대왕기념사업회·민족문화추진회 옮김, 서울시스템 1997
〈춘향전〉 김선아 지음, 현암사 2000
〈암행어사 박문수전〉 김병규 지음, 대교출판 2000
〈암행어사 출두야〉 윤승운 지음, 푸른나무 2001

둘러보면 좋은 누리집

한국문화콘텐츠 진흥원 http://www.culturecontent.com
문화콘텐츠 암행어사 http://amhang.culturecontent.com/KcrcMemberMain.jsp
다산연구소 http://www.edasan.org/first/main.php
다산학술문화재단 http://www.tasan.or.kr/tasan_index.asp
감사원 http://www.bai.go.kr
감사원과 암행어사 http://soback.kornet21.net/~jinfilm/inspection
조선왕조실록 http://sillok.history.go.kr/main/main.jsp
승정원일기 http://sjw.history.go.kr/main/main.jsp
국립고궁박물관 http://www.gogung.go.kr

사진 촬영 협조 및 도움받은 사진

ⓒ권태균, ⓒ감사원, ⓒ감사교육원, ⓒ다산유적지 남영우

ⓒ Jung, Myung-Lim | Kim, Su-Yeon·Park, Jae-Hyun, 2006